国家新闻出版广电总局向全国青少年推荐百种优秀图书

跟嫉妒说再见

第2版

主　编　苏　缇
副主编　于　格　宋美静

西南师范大学出版社
国家一级出版社　全国百佳图书出版单位

图书在版编目(CIP)数据

跟嫉妒说再见 / 苏缇主编. — 重庆：西南师范大学出版社，2014.3

(青少年心灵氧吧丛书)

ISBN 978-7-5621-6677-1

Ⅰ. ①跟… Ⅱ. ①苏… Ⅲ. ①青少年－心理健康－健康教育 Ⅳ. ① G479

中国版本图书馆 CIP 数据核字 (2014) 第027661号

青少年心灵氧吧丛书

总主编：高雪梅　李　红　　策　划：米加德　郑持军

跟嫉妒说再见

GEN JIDU SHUO ZAIJIAN

主编：苏　缇　　副主编：于　格　宋美静

责任编辑：雷　兮
封面设计：畅想设计
插图设计：李小言
出版发行：西南师范大学出版社
地址：重庆市北碚区天生路 1 号
邮编：400715　　市场营销部电话：023-68868624
http://www.xscbs.com
经　　销：新华书店
印　　刷：重庆紫石东南印务有限公司
开　　本：720mm×910mm　1/16
印　　张：10
字　　数：120 千字
版　　次：2018 年 11 月第 2 版
印　　次：2018 年 11 月第 5 次印刷
书　　号：ISBN 978-7-5621-6677-1
定　　价：30.00 元

衷心感谢被收入本书的图文资料的原作者，由于条件限制，暂时无法和部分原作者取得联系。恳请这些原作者与我们联系，以便付酬并奉送样书。

"青少年心灵氧吧"丛书

编委会

给青少年朋友的一封信

亲爱的朋友：

写一本可以改变生活的好书，是很难的。退而求其次，一本可以对你稍有助益的书，是我编写这本读本时抱着的心态。希望这是一本容易理解，能够吸引你读下去的书。

古时候，有个睿智的渔夫在江边垂钓，一位饥饿的人看到他钓到不少鱼，便央求渔夫给他几尾鱼以便充饥。渔夫想了一会儿却拒绝了，说："我虽然不能送你鱼，但可以教你钓鱼。这样你不仅今天有鱼吃，而且以后都不会挨饿，也不愁没有鱼吃。"这就是我们常说的"授人以鱼，不如授之以渔"。

讲这个寓言故事，是我希望这本书，在你克服嫉妒、面对负面情绪时，不仅能在今天帮助你，在以后的生活学习中，在将来的人生道路上，都能帮助你。书里的那些知识和方法，希望可以让你终身受益。

嫉妒，是基于认知而产生的一种情绪。这种情绪又可以带来一系列的生理、行为和认知反应。就像英国著名小说《理智与情感》里描写的"理智"与"情感"的矛盾冲突一样，诚挚热烈的感情固然重要和可贵，但仍需要理智去控制和调节。感性的情感，任其随意发展可能会带来许多意想不到的伤害与痛苦，不论是对自己，对家人，还是对他人。

面对嫉妒，我们应努力做到理智胜过情感，运用各种方法，理智地处理和控制嫉妒带来的厌恶、愤怒、敌意等各种不良情绪与行为。我们要做的不光是抑制，更重要的是疏导，是换一个角度去看待问题，就像“山重水复疑无路，柳暗花明又一村”一样豁然开朗。可我们随意发泄负面情绪，却又会对自己、家人和他人造成伤害。所以，采用平和的方式疏导情绪就至关重要。

在心理学临床领域运用很广泛的明尼苏达多项人格量表（MMPI）有许多分测试，其中“敌意”分测试对预测由敌意造成的疾病与死亡率最为有效，在研究中也得到广泛运用。而敌意的对立面是友善，是快乐。我们在本书中，也提到待人待事尽量宽容，追求快乐。

最后，用古人的话赠送青少年朋友：一是“宽则得众”；二是“以爱己之心爱人，则尽仁”。

编者

目录 CONTENTS

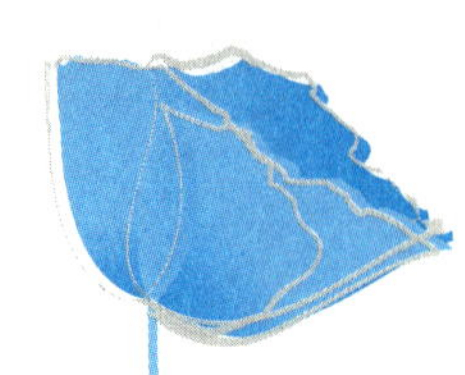

第一章　嫉妒面面观

“羡慕嫉妒恨”这几个字是不是你眼红别人时的口头禅？谚语故事里那“吃不到葡萄说葡萄酸，得到了柠檬定要说柠檬甜”的现象，你在生活中有没有遇到过？

在生活中，老师表扬了一个同学，其他同学的想法却各自不同。有的同学真心为被表扬的同学高兴，有的同学暗暗下决心下次一定也要得到老师的表扬，还有的同学却想，自己比被表扬的同学强，凭什么老师不表扬自己？最后这种想法你产生过吗？

当我们不经意间对别人滋生了这样的情感，我们是否考虑过这个令人困惑的问题——什么是嫉妒？人为什么要嫉妒？

也许你身处“嫉妒”之中，却又不知“嫉妒”是什么。请翻开这本书，在这里，我们将为你打开一扇窗户，让你从不同的视角，来认识和了解嫉妒。

- 嫉妒是什么滋味？
- 嫉妒是如何产生的？
- 嫉妒是一种普遍的现象吗？
- 嫉妒有什么特性？
- 嫉妒的危害有哪些？

嫉妒望远镜

第一节　嫉妒，是什么滋味

心情故事

“闺密”的故事

莎莎和婷婷，是从小一起长大的闺密。但不知何时，两个人的关系发生了微妙的变化……

某一天，婷婷注意到，自己开始仰望莎莎了，因为莎莎已经长成了一个高挑漂亮的女孩。婷婷低着头看着自己的“小短腿”，很希望自己也能长高些。

某一天，婷婷突然发现，莎莎在学习上进步非常快，老师夸奖她的次数越来越多，她的成绩更是突飞猛进。婷婷心里酸酸的，好不是滋味。

某一天，婷婷的妈妈对她说：“你为什么不向你的好朋友莎莎好好学习呢？莎莎多么优秀啊！”听了这话，婷婷跑回了自己的房间，恨恨地想：“她为什么要比我强那么多？”

慢慢地，婷婷和莎莎不再无所不谈，不再向对方倾诉自己的心事。

转眼到了初三，两人都参加新学期班长的竞选，可婷婷不幸以五票之差输给了莎莎。竞选的失利让婷婷的不快又增加了几分，私底下，她偷偷对同学们讲了许多莎莎的糗事，甚至还无中生有编了好几个故事。后来，这些话也传到了莎莎的耳朵中，两个曾经的闺密，最终分道扬镳。

你也有过像婷婷这样，当朋友或同学在某一方面超过自己时，心里不自觉地涌出酸酸的、涩涩的感受的经历吗？

是的，这就是嫉妒的滋味。

心理学中究竟是怎样定义嫉妒的呢？请结合故事来看看吧！

心理小百科

心理学认为：嫉妒，就是看到他人在成绩、才能、相貌等方面超过自己时产生的恼怒和怨恨的心理；或者说嫉妒是指人们为了竞争一定的权益，对相应的幸运者或潜在的幸运者怀有一种冷漠、贬低、排斥，甚至是敌视的心理状态。“羡慕嫉妒恨”比较生动地描述了个人对他人获得了自己希望获得而没有获得的事物的不平衡心理反应，因此嫉妒也是一种羡慕和怨恨交织在一起的心理现象。

“羡慕嫉妒恨”是对嫉妒的发展过程的生动描述。有心理学家研究发现，嫉妒的演变主要分为以下三个阶段：

1. 羡慕阶段：这时的嫉妒心理往往是深深地埋藏于人的潜意识中，不为意识觉察的。如婷婷对莎莎身材羡慕的阶段。

2. 嫉忧阶段：这时对人对物的嫉妒已不再潜藏在心里，而是会自觉不自觉地以外在的言语或行为表现出来。如婷婷对莎莎的疏远。

3. 嫉恨阶段：这是嫉妒发展的最高阶段，此时人的嫉妒之心表现得最为强烈，甚至会做出一些不理智的行为。如婷婷在竞选班干部失利后诋毁莎莎。

以上三个阶段在婷婷的身上就可以得到很好的印证。

那么，知道了嫉妒的概念和演变阶段，我们再来了解一下，到底哪些情况下容易出现嫉妒和哪些人不容易被人嫉妒吧！

(一) 熟人之间容易出现嫉妒

熟人就是我们在生活中经常接触的人。比如，我们的家人、同学、邻居、亲戚、朋友等。熟人之间的了解是最多的，他们知道谁在这次考试中名列前茅，知道谁生日收到了可爱的泰迪熊，也知道谁在放学的路上扶过老奶奶过马路。因此，一旦其中某人获得另一人想要得到但还没有得到的事物的时候，就会很快被另一人发觉，不平衡的心理感受也易紧接着出现。那么，熟人之间也就变成了滋长嫉妒的温床。相反，在不熟悉的人之间，出现嫉妒的可能性就小得多了。

从下面这个例子中，我们可以很好地看到熟人之间的嫉妒。

不会吧，就他？

小明和小刚从小在一个四合院长大，父母都是一个单位的同事。他俩一起念单位的子弟学校，成绩一直相当。初三时，两人都因为家庭原因，去了市里不同的中学继续读书。

初三寒假，小明回四合院看望爷爷奶奶，奶奶对他说："小刚在这次期末考试中全市排名第七……"还不停地夸小刚多么多么优秀。小明很不高兴地说："不会吧，就那小子？我们一个班的时候，他不怎么样啊，肯定有猫腻，这世界也太不公平了。"

(二)嫉妒一般产生于比较之后

嫉妒的产生，多是在与他人进行了比较后，发现自己在某些方面或各方面不如别人，或者是在自己的行为没有得到某种奖励而别人得到了的时候。显而易见，这里的比较是指将自己的情况（如学业、特长、外貌、能力等）与他人相比。虽然我们知道每个人都是与众不同的，但遗憾的是，我们总会或多或少地将自己与他人进行比较。合理的比较中不存在嫉妒，因为我们既与比自己强的人相比，也与比自己弱的人相比，从而更清楚地认识自己。不合理的比较，才是嫉妒的催化剂，因为采用不合理比较的人通常只与比自己好或者比自己差的人相比，尤其是与比自己好的人相比。

班干选举后

晓丽是个小队长，平日学习不错，爱帮助同学，所以在同学们中人缘很好。她有一位好朋友叫小墨，也是一位学生干部。

新学期开学，学校为了锻炼同学们的社会活动能力，采取了竞选中队长的做法。竞选者分别发表竞选演讲，然后通过投票和老师研究，最后确定当选人。经过努力，晓丽凭借自己的实力和在同学们中的威信，当选了中队长。但奇怪的是，随着她的当选，小墨这位昔日的好朋友却与她越来越疏远。

晓丽一直不明白为什么会这样。经过和老师的沟通，晓丽后来才搞清楚，原来是小墨的嫉妒心在作怪。因为小墨在此之前，并未觉得自己有多差，也并未觉得晓丽有多好。但是经过选举后，就像戴了有色眼镜一样，小墨怎么看晓丽都不顺眼，良好的关系在嫉妒心的作用下一下子就变了味。

（三）类似的人容易出现嫉妒

二者的情况越相似，就越容易产生嫉妒。而这些相似点可以是生活的方方面面，如相似的身高、相似的努力、相似的学历等等。有众多相似点的情况下，二者却取得了不一样的成绩，那么，嫉妒就会嗅着不平衡的“气味”蓄势而发。

故事小贴士

阿美和她的两个好朋友

阿美有两个朋友——阿丽和阿华，她们三人在学校里几乎形影不离。阿美与阿丽的成绩相仿，都是班上的中等水平；阿华的成绩却是数一数二，考第一名是家常便饭。

快期末考试了，三人决定一起为期末冲刺。她们相互监督、相互鼓励，连复习资料和学习笔记都共享了。

转眼期末考试结束了，三人都满心期待着各自的成绩。公布成绩的时候，阿美发现阿华依然是佼佼者，成绩比自己高了80多分。阿美暗叹一口气：“不服不行啊，阿华的底子比我好，智商比我高嘛。”可转眼一看阿丽，她的成绩足足比自己高了30分！一股无名的妒火顿时在阿美心头升腾起来，心里恨恨地想：“阿华倒也罢了，凭什么阿丽也比我考得好？她一定是背着我藏了什么复习资料，或者有什么考试窍门没告诉我！”

(四) 平稳发展的人不易被嫉妒

平稳发展的人，是指某人在某方面具有一定的稳定性。如成绩总是在班级前一二名的同学。平稳发展的人，一般不易被人嫉妒，因为大家都知道名列前茅是这些同学的正常表现。而“黑马”就容易被人嫉妒了，因为他们异军突起，不仅打破了“生态平衡”，也打破了大家的心理平衡。大家要花时间来接受这个突然的改变和自己心理的不平衡。

名言堂

女人的嫉妒大多与容貌、衣着和财产等有关，男人的嫉妒则与才能、智慧和力量有关。

——池田大作

第二节　嫉妒，我有你也有

心情故事

神奇的汤姆狗

李是我的好友，在听我诉说了对邻居家的新车感到嫉妒并觉得心中难受之后，送给我一只小狗——小汤姆。

小汤姆很可爱，喜欢吃我买的香肠，可自从它吃了一次邻居给的香肠后，就再也不吃我给的东西了。我很不理解，甚至有点生气，心想："难道邻居家的比我家的好吃吗？"

为了小汤姆的生存，我把它送给了邻居奇，奇也高兴地收下了小汤姆。可过了几天小汤姆就来敲我家的门，还吃了我给它的香肠，并不再吃邻居家的东西。

后来，李带走了小汤姆，并告诉我们，它是科学家最新试验出来的被加入了人类嫉妒因子的小狗，它总是这山望着那山高，总以为别人的东西都是好的。

我恍然大悟，汗颜自己对奇的嫉妒，并对他道歉说："对不起，我不应该嫉妒你的新汽车。"令我意外的是，奇居然也向我道歉说："应该说对不起的是我，因为嫉妒你的房子比我家的漂亮，才将自己的后花园卖掉，买的这辆新车。我就是想让自己心理平衡一点。"

从这个小故事中我们可以看到，在我们因嫉妒他人而伤神劳心的时候，对方也可能正在嫉妒着我们，伤神劳心的程度甚至是有过之而无不及。实际上，嫉妒不仅存在于有趣的小故事中，而且在生活中的你我都可以感受到。

心理小百科

古今中外、大人小孩、朋友同学、个人集体，都可觅得嫉妒的影子。

（一）古人的嫉妒

古人留下的关于嫉妒的故事有很多，如《三国演义》中才气过人的周瑜，因对诸葛亮的嫉妒，有了"草船借箭"一幕，他大约是史上最有名的一位因嫉妒而"送命"的人了；又如李斯嫉妒韩非而谗言杀掉韩非；更有庞涓嫉妒孙膑而陷害孙膑致残，最终自己也凄凉收场；连流传千古的《七步诗》，据说也是因曹丕嫉妒曹植而逼出来的。

故事小贴士

"本自同根生，相煎何太急"

曹丕和曹植都是曹操的儿子。曹植从小才华出众，很受父亲喜欢。曹丕平日里就嫉妒曹植的文采，当上皇帝后就将曹植找来，要曹植在七步之内作出一首诗来，如果作不出一首诗，就是空有诗人之名，是欺骗皇上，必须处以死刑。曹植知道哥哥存心要害自己，但他强忍着心中的悲愤，在七步内作出了一首诗："煮豆持作羹，漉菽以为汁。

其在釜下然，豆在釜中泣。本自同根生，相煎何太急。”曹丕听完之后，只好放了曹植。可见，嫉妒可以使一家人反目成仇，甚至毁掉血浓于水的亲情。

（二）外国人的嫉妒

在国外，无论是童话、寓言，还是真实人物身上，同样有很多和嫉妒有关的故事。皇后嫉妒白雪公主的美貌，千方百计加害白雪公主；大物理学家牛顿嫉妒晚辈，怕其超过自己，而凭借自己的地位压制晚辈论文的发表；电影大师卓别林，容不得才华超过自己的导演，利用自己的权力焚毁了唯一的《海的女儿》的拷贝。可见，嫉妒是不分当事人的财富和地位普遍存在的。但是，同样的情况，在美国钢铁大王卡耐基的身上却是不一样的结果，他的成功就在于善用比自己强的人。他曾说过：“你可以把我的工厂、设备、资金全部夺去，只要保留我的组织和人员，几年后我仍将是钢铁大王。”

(三) 嫉妒不分年龄

嫉妒没有年龄之分，从少至老，都会有嫉妒。有的老人，因为生理、心理日益衰老，感觉自己成了生活中的“弱者”，从而产生了“羡慕嫉妒恨”；有的中年人，因为经济条件、社会地位的差异而产生嫉妒；有的孩子(青少年)，会因为同伴比自己美丽、帅气、聪明、成绩好而产生嫉妒；甚至嗷嗷待哺、牙牙学语、蹒跚学步的婴幼儿，会因为妈妈对别的孩子笑，抱其他孩子而嫉妒、哭闹、生气。看看下面这个“有趣”的实验，你就会知道什么是孩子的嫉妒。

据墨西哥《宇宙报》报道，加拿大约克大学研究员的一项研究发现，3个月大的婴儿已经表现出明显的嫉妒心理。

实验者对50名3个月、6个月和9个月大的婴儿进行4项实验。实验结果表明，当母亲将注意力转向其他人时(如聊天或其他形式的互动)，婴儿通常会蹬腿和发出不满的叫声。

在前三个实验中，研究员在婴儿面前喝水，盯着婴儿看，和婴儿母亲说话但母亲没有回答，这些都没有引起婴儿明显的不安。但在第四个实验中，婴儿母亲开始与研究员对话，并不时发出笑声，此时，婴儿表现出生气的样子，开始在座位上翻转身体，同时嘴里发出急促而愤怒的声音。

婴儿这样的表现，就像生活中所谓的“吃醋”一样，看见妈妈抱别的孩子，会哭闹，不让抱别人，只能抱自己。研究者指出，“吃醋”表现为一个人对失去所爱之人的害怕，婴儿的“吃醋”心理与人际沟通有关，是感觉到某人的出现威胁到自己与亲人的关系后所做出的反应。并认为，“吃醋”心理对确定婴儿表现出嫉妒具有重要的意义。

故事小贴士

输不起的林林

我们也许注意不到婴儿的嫉妒，但几岁孩子身上的嫉妒却是显而易见的。林林便是这样的例子。

林林今年4岁，在幼儿园中很优秀，常常在各种活动中拿第一，并受到老师表扬。但妈妈发现，只要老师夸奖了其他的同学，林林就会很失落。

林林最近又迷上了跳棋，在这个游戏中，林林输不起的情况已经不只是失落了。

在游戏中，只要林林赢了，就会叫很多人来看他的成果。但是，如果他刚走几步，发现自己没什么优势，就会要求重来一盘。才刚走几步，又重来。反复几次，弄得小朋友们都不愿意再跟他玩。

（四）同学朋友间的嫉妒

在上一节我们知道，熟悉的人和类似的人之间容易出现嫉妒，同学朋友之间正好就是熟悉又相似的状况，尤其是中学生的生活，他们大多数时间是与自己的同学朋友在一起的。因此，中学生出现的嫉妒，大多数发生在同学朋友之间。嫉妒的内容也跟中学生的学习生活有着密切的关系，如学习、身高、体育、文具、才艺、穿着等。

（五）嫉妒不仅是个人的事，也是集体的事

个体之间的嫉妒也许是司空见惯的，但集体间的嫉妒也不是不存在。家庭之间、班级之间、学校之间、公司之间、各宗教团体之间，甚至国家之间，都有嫉妒存在的情况。最让我们有感触的莫过于学校的运动会了。

加油，健儿们！

×中学又开始举办为期三天的春季运动会了，这样的运动会总会让中学校园充满青春的活力与激情。初二年级一班与二班是整个年级最有体育能力的两个班级，但两个班能力相当。因此，初二年级的胜利之花会落在谁家，便成了大家最关心的一个问题。

比赛开始了，两个班级的学生都在为比赛奋力拼搏。铅球、乒乓球、100米短跑、3000米长跑……各个项目都牵动着参赛班级同学们的心，让整个班集体的情绪都随之跌宕起伏。可是在整个比赛中，班级之间还出现了另一种情绪。

一班的小王在200米比赛中比二班的小李快了0.02秒，获得了这个单项的冠军。二班就有同学说，其实小李的速度比小王快一些，只是起跑时小李走了一点神，才屈居第二的。在乒乓球比赛中，二班的小胖赢了一班的小虎，一班的同学心里也很不是滋味，觉得自己班之所以会输是因为裁判老师是二班××的叔叔。

从中我们可以看出，班集体中既有集体的荣耀耻辱，也会有集体的嫉妒。

所以，这些表现为“眼红”“吃醋”“吃不到葡萄说葡萄酸”的嫉妒心理，并非某人的专属，而是普遍存在的。当我们发觉自己身上出现了嫉妒的影子时，不必担心，这只是一种平常的心理现象。

名言堂

这里安葬着一个人，他最擅长把那些强过自己的人组织到为他服务的管理机构之中。

——美国钢铁大王卡耐基墓碑上的话

第三节　嫉妒，就像望远镜

嫉妒是以多种形式表现出来的一种情感，是一种消极的复杂情绪。它包含着忧虑、羡慕、怨恨、愤怒、猜疑、失望、屈辱、伤心、悲痛等。但归根到底，还是当事者不能接受别人超过自己、比自己好，无论对方的优势是真实的还是杜撰的。只要这些所谓的“优势”越过了心灵的防线，就会让嫉妒者用心灵的“望远镜”来观察对方的优势，将对方的优势成倍放大，并将自己的弱点与他人的优势进行比较，从而产生各种不好的感受。本节“名言堂”中塞万提斯的话就清楚地说明了这种情况。

心情故事

花园的悲剧

一天清晨，园丁来到花园里，发现花园里所有的花草树木都枯萎凋谢了，整个花园充满了衰败的气息。

经过多方寻访，园丁终于知道了其中的原因：橡树是觉得自己没有松树高大挺拔而生出了厌世之心；松树则因为自己不能像葡萄藤那样结出酸甜可口的果实而不想活了；葡萄藤也郁闷沮丧，终日匍匐在地，因为它觉得自己不能像牵牛花那样开出美丽的花朵；而牵牛花同样无精打采，因为它正在自卑自己没有紫丁香的芬芳……

就这样，花园里的植物们都被自己心灵的望远镜蒙蔽了，将其他植物的正常现象放大成自己不可企及的优点，因嫉妒其他植物的优点而忽略了自己本身的优势。嫉妒之花越是繁茂娇艳，花园就越是毫无生气。

故事中的植物们尚且存在这样复杂的情感，更何况身为地球上最高等动物的人类呢？当我们为他人零花钱比自己多、比自己多考几分或者多长高几厘米而眼红心烦时，请反思一下，是否已经在不知不觉中给自己的心灵装上了望远镜，放大了他人而缩小了自己呢？

心理小百科

作为青少年的我们，身体和自我意识都处在高速发展的阶段，更是难免在无意识中给自己的心灵装上望远镜。心理学家指出，相比成年人，青少年的嫉妒有自己专属的特征。

（一）嫉妒的片面性

青少年虽处于各方面的快速成长期，但整个心理的成熟度仍然不高，看待事情以自己的意愿为标准，对自己和他人的优缺点的认识并不全面。如对他人某方面产生嫉妒，并引起反感时，很可能对整个人的各方面都产生排斥。

故事小贴士

爱跟自己“较劲”的小丁

小丁是一个性格内向又心胸狭窄的孩子，不太喜欢跟朋友交流自己的想法，但内心的“小宇宙”却汹涌澎湃。

小丁“澎湃”的对象一直是同班的小华，因为每次考试他俩的排名总是非常相近，所以小丁在心中当小华是自己的竞争对手。

小华在班级里的人际关系很好，父亲又是本班的地理老师，跟各科老师也很熟。因此，小丁在心中很是嫉妒小华。看见小华左右逢源，跟同学喜笑颜开，而自己只是孤单地趴在课桌上，他心中很是难受，觉得小华很讨厌。

如果只是因嫉妒而讨厌小华，也算不上特别爱跟自己“较劲”。可怕的是，小丁不知不觉开始讨厌小华的爸爸，开始讨厌上地理课，甚至讨厌地理这一学科。

而这一切都只存在于小丁自己的心里，即使翻江倒海也无人得知，大家知道的只是小丁最近地理成绩下滑得很厉害，而且整天一副生气的表情，却不知道是谁惹他生气的。

（二）嫉妒内容上的特殊性

成年人的嫉妒表现在各种生活内容中，总结起来，主要在名誉、地位、金钱和爱情四个方面，而且功利性非常明显。青少年的嫉妒则主要集中在学业成绩、长相、人际交往方面，而嫉妒行为也更多因一些细小、琐碎的事情而发生。如得到老师表扬的那个家伙，跟自己的朋友成为好朋友的那个讨厌鬼，又在考试中高自己一分的那个高个子，妈妈经常夸的隔壁家的乖乖女，都可能成为我们嫉妒的对象。

（三）嫉妒表现方式的直接性

成年人当然也是有嫉妒心的，可他们并没有表现出明显的嫉妒行为，这是因为高度的社会化让大人们学会了掩饰，学会了不让自己的嫉妒冲动转化为嫉妒行为。但也正因为如此，成年人的嫉妒也要存在得更持久一些。相反，青少年们就直接、短暂得多了。

心理学形容青少年的情绪表现如“疾风骤雨”一般，其实，青少年的嫉妒也是这样的，来得直接，去得果断。

故事小贴士

“疾风骤雨”的嫉妒

小丽因为嫉妒小红漂亮的白色公主裙，而故作不小心，将墨水弄到了小红的白色裙子上。但几天后，她们因为喜欢同一部漫画而聊得很开心。

小雨因为嫉妒小军的美术能力，在大家为小军的新作欢呼鼓掌时，小雨却当着大家的面，大声地说：“这幅画色彩搭配还算合适，却很欠缺内涵，主题也不够鲜明。”数天后，小雨却对小军说：“你的色彩搭配真的很棒！”

阿亮在篮球场上以一分之差输给了阿光，便对阿光大打出手，以发泄自己嫉妒的情绪。但讨论到喜欢的篮球明星时，两人又成了兄弟。

（四）嫉妒的可控性

青少年正处于成长的过程之中，嫉妒只是一种不适当的心理适应，只要适时、合理地指导，嫉妒是很容易得到预防和矫正的。因此，青少年的嫉妒是可控的，但如果成年人都还存在过分的嫉妒的话，很可能已经形成了“好嫉妒”这种不良的个性品质，而对个性的矫正就要困难得多了。

以上四点嫉妒的特征，指出了青少年嫉妒的特殊之处，有利于身为青少年的我们更深入地了解自己的嫉妒，从而避免用“望远镜”来观察周围的人、事、物。

我们都知道嫉妒者会用望远镜观察周围的一切，却不知道嫉妒本身是一台显微镜。因为嫉妒可以让我们看清一个事实：那些引起我们羡慕嫉妒恨的东西，正是我们缺少和需要的东西。所以认识到嫉妒是显微镜，就可以从嫉妒之中认识到自身的缺陷，从而克服嫉妒，完善自我。

名言堂

嫉妒者总是用望远镜观察一切。在望远镜中，小物体变大，矮子变成巨人，疑点变为事实。

——塞万提斯

第四节　嫉妒，会伤害他人，也会伤害自己

心情故事

最初的嫉妒

亚当和夏娃是上帝最初造出的一对男女，因为偷吃禁果被赶出了伊甸园，他们也因此意识到死亡和生儿育女。

该隐和亚伯是亚当和夏娃的两个儿子。该隐长大后从事农业，亚伯则成了牧民。有一天，该隐拿着出产的作物，亚伯拿着羊群中的羔羊和羊油，去献给上帝。可不知什么原因，上帝接受了亚伯的贡品，却对该隐的贡品不屑一顾。该隐气得脸都变了色。

上帝对该隐说："你为什么发怒呢？为什么变了脸色呢？你要是做好事，我怎会不收你的贡品呢？你若做了坏事，罪就伏在你的门前。它会恋慕你，你需要将它制服。"

如此看来，该隐定是做了让上帝不高兴的坏事，上帝才不接受他的贡品。然而，该隐并没有将上帝的告诫放在心上，反而被嫉妒迷了心窍，杀害了自己的亲兄弟亚伯。

后来该隐受到了上帝的惩罚，在土地上飘荡受苦。

（出自：《圣经·创世纪》）

这是一个出自《圣经》的经典故事，因而称之为"最初的嫉妒"。该隐因嫉妒而杀害了自己的亲兄弟，最终受到上帝的惩罚，受尽苦难。可见，因嫉妒伤害他人，自己也会受到嫉妒带来的伤害。

心理小百科

嫉妒者若不能合理地处理自己的嫉妒，就很可能会对被嫉妒者造成一些言语或行为上的伤害。因此，嫉妒心理很可能会伤害到他人。而且心理学家认为，嫉妒对嫉妒

者本身是一种“内耗”，一种痛楚。下面这段材料就告诉我们嫉妒会产生跟身体疼痛一样的痛楚。

研究人员找来19名大学生，让他们阅读一些故事脚本，再用功能性核磁共振成像来测定这些人脑部的血流变化。

读故事时，学生们被要求把自己设定为故事中普普通通的主人公。除了主人公，故事中还特意安排了ABC三个人物。A与主人公性别相同，人生道路和目标也几乎相同，但成绩优秀，家境富裕，很受异性欢迎；B与主人公性别不同，虽然更优秀，但是人生道路和目标没有重叠；C也与主人公性别不同，且成绩普通，人生道路和主人公也不同。

学生们读完故事，研究人员让他们回答对出场人物ABC的嫉妒程度，结果显示，这些人对ABC的嫉妒程度依次递减。根据功能性核磁共振成像结果显示，对出场人物A，接受测试者大脑前扣带回皮层最活跃，而对B和C，这一大脑区域活跃程度依次递减。前扣带回皮层被认为是大脑处理身体疼痛的区域。也就是说，嫉妒带来的痛楚跟身体疼痛是一样的。

这是日本研究员2009年发表在美国《科学》杂志上的研究结果，让我们知道嫉妒带来的痛楚跟我们身体的疼痛是一样的。并且这些疼痛正是嫉妒者自己带给自己的。因此，嫉妒不仅伤害他人，更是在伤害自己！

在科学实验中，还有一个有趣的实验，是关于“生气水”的。什么是“气水”？什么是“生气水”？就是把我们悲痛、悔恨、嫉妒、生气和心平气和时呼出的“气水”做对比实验。结果证实，生气对人体危害极大。物理学家爱尔马把心平气和时呼出的“气水”放入有关化验水中沉淀后，无杂无色，清澈透明；悲痛时呼出的“气水”沉淀后呈白色；生气时呼出的“气水”沉淀后为紫色。“生气水”注射在大白鼠身上，几十分钟后，大白鼠死了。由此，爱尔马分析，人生气10分钟会耗费大量人体精力，其程度不亚于参加一场3000米赛跑，而且会产生毒素！这个实验给我们的警示作用是，嫉妒有生气这种情感成分，它是一种有毒的情绪，是一种破坏性情感，长期受其影响会导致身心疾病，如果我们不能宽容待之，会严重危害自身健康。

下面我们再看一则因嫉妒而害人害己的小故事。

故事小贴士

嫉妒之火

李小蕾和韩梅都是班级的优秀学生。小蕾学习刻苦，名列前茅；韩梅也算刻苦，但性格开朗，成绩紧随其后。同学们都当她俩是学习的楷模。

平日里韩梅虽比李小蕾差一点，但这次月考她幸运地超过了小蕾几分。月考后，小蕾看韩梅的眼神有了些变化。课堂上，只要韩梅因回答提问受到夸奖，下一个问题就必定是小蕾回答的。老师给韩梅指点了一下数学难题，小蕾就一定会拿着难题去请教老师。但是下一次的月考，韩梅居然超过了小蕾十多分。雪上加霜的是，老师居然把小蕾期待已久的“三好学生”荣誉给了韩梅。

小蕾心中很是生气和嫉妒。生气的是，老师们都忘记了自己平日的努力，只看一时的成绩；嫉妒的是，韩梅夺走了自己期待已久的荣誉。没想到，在这股“妒火”的推动下，小蕾竟向回家路上的韩梅泼出了从化学实验室里偷来的硫酸。

韩梅手臂被烧伤，留下了永久的疤痕。小蕾则进了少管所。只是，大家怎会想到，这股嫉妒之火会烧得如此旺盛。

这样的结果让我们扼腕叹息，也让我们想到了一副对联：欲无后悔须律己，各有前程莫妒人。嫉妒若不能控制，这种破坏性情感危害巨大。请嫉妒者多反省自己，正确认识自己，学会自我成长，别让嫉妒伤害了他人和自己。

名言堂

嫉妒者所受的痛苦比任何人遭受的痛苦都大，他自己的不幸和别人的幸福都会使他痛苦万分。

——巴尔扎克

第五节　嫉妒，可不可以没有你

心情故事

最近比较烦

晓峰在课间休息时，一边做着作业，一边哼着小曲儿：“最近比较烦，比较烦，比较烦，总觉得……”

歌词牵动着晓峰的心，他不由自主地想着：“烦啊，身边高手如云，而自己太过平凡，就像班级中的一粒尘埃。这跟老师喜欢我和同学欢迎我的小学时期反差太大了。”

想到这，晓峰抬头看了看四周的同学，继续想着：“右边的明明原本跟我是一个小学的，成绩还不如我，但因为象棋下得好，跟班里几个爱好象棋的同学打成了一片。每当看到他们玩得欢快，我就不想说话。

“前面的谭雅，据说是小升初时，我们整个年级的最高分，老师们很关注她，经常让她来回答问题。这种事在以前明明就是发生在我身上的，让我好嫉妒啊！

“还有坐在最后的王强，就是身高长得高一些，篮球打得好一些，整天那个‘得瑟’样，真希望他在放学的路上摔个狗吃屎。”

……

“叮”，上课的铃声将晓峰从“神游”中拉回了现实。“哎，又上课了，作业还没有做完。”晓峰心想：“天啊，我已经记不住这是第几次了，再这么下去，我这作业没法做了。嫉妒，我可不可以不要你呢？”

也许你心中正有着跟晓峰一样的呐喊。如果没有了嫉妒，我们就不必因为嫉妒他人而烦恼，也不必担心嫉妒爆发而伤害到他人。可大哲学家康德在其书中指出："嫉妒这种感情激动是人类天性中所固有的。"也就是说，嫉妒是与生俱来的，人人都无法避免。进化论提出者达尔文认为，嫉妒是进化过程的重要内容，因而嫉妒是一种自然产生的情感。他也认为嫉妒是人类的一种本能。哈佛学子亨利·梭罗也说过这样一句话："三种东西不召自来：爱、嫉妒、恐惧。"可见，我们想要拒绝嫉妒的存在，是多么的困难。

人虽具有先天本能的嫉妒，却是在后天环境的作用下表现出来的。如，家中有个比自己优秀的姐姐，比被父母看作"掌中宝"的女孩更容易产生嫉妒；爱攀比、好竞争的家庭出来的孩子，比一般家庭的容易嫉妒；遭遇感情背叛的人，比感情顺利的更易嫉妒。因此，后天的生活情感经历和家庭背景都是产生嫉妒的导火索。

根据先天和后天的影响，我们可以总结出：嫉妒无所不在。但是，有表现得明显和不明显的区别。有的人会对被嫉妒者冷嘲热讽，甚至进行身体上的伤害；有的人却把嫉妒藏在心里，内心翻江倒海，外表却风平浪静。

心理小百科

虽然嫉妒无所不在，但因中外文化差异，对嫉妒的看法也是有差异的。

（一）中外文化对嫉妒的俗称不一样

中国人常用“红眼病”“眼红”“眼热”“吃醋”来代指嫉妒，西方则与之不同。《圣经》把嫉妒称为“恶眼”，英国人称嫉妒为“绿眼”，英文和德文中的“黄色”都象征嫉妒。此“黄色”跟中国人的“黄色”相去甚远。

（二）中外文化对羡慕和嫉妒的理解不一样

中国文化认为，羡慕有敬仰、依恋之意，褒义；嫉妒则是与他人比较，发现自己某方面不如别人而产生的一种由羞愧、愤怒、怨恨等组成的复杂的情绪状态。羡慕和嫉妒，一个褒义，一个贬义，语义十分清晰。但在西方，二者的概念就相对模糊。西方普遍认为，羡慕是指某种东西是别人的，自己无法或不可能拥有，却想要拥有的一种反应。就好像普通人家的孩子羡慕有钱人家的孩子的高级玩具。而嫉妒则是面对我们拥有的东西将要失去的反应，无论这种失去是真实存在的还是想象中的，一旦嫉妒产生，就意味着属于自己的东西面临失去的危险。如，成绩好的王晓宇嫉妒在上堂课中被老师夸奖的李俊。

无论中外嫉妒有什么样的差异，嫉妒的原因和本质都是一样的，“猴王心理”始终是嫉妒者产生嫉妒的原因之一。“猴王心理”是一种以自我为中心，不能正确评价他人，认为没有人能够超过自己，也不能忍受别人比自己强的心理。

故事小贴士

“猴王”王晓宇

王晓宇怎么也没有想到晓峰的情况会发生在自己身上，但事实总让人无从抵赖。

王晓宇是班上的佼佼者，班长、成绩第一、体育健将等，都是他的头衔，并且深受老师和同学的欢迎。属于典型的“猴王”，也习惯了当“猴王”。

但他并没有想到，越是“猴王”就越容易陷入嫉妒的泥沼。最近，晓宇老是在想：“李明数学成绩突飞猛进，居然在单科成绩上超过了我，再这样下去，哪还有我的容身之地？

“新来的小华就更加过分了，在运动会中，拿了个全能冠军，让那些曾经属于我的赞美突然间转移了对象，真让人恨得牙痒痒。

“不顺畅的事，总是一桩接一桩。上次物理课，老师居然当着全班同学的面说李俊有天赋。他李俊不就是物理实验做得比我好一点点嘛！还不是因为我上次实验发挥失常，老师竟然那样夸奖他，凭什么呢？”

……

不仅是晓峰和王晓宇，我们任何一个人都可能受到嫉妒的折磨。但面对嫉妒，我们无须咒骂和斥责，而需要心平气和地承认和接受自己的嫉妒，将嫉妒的程度降低，并将嫉妒的力量向正面引导。

科学家们为了研究嫉妒，做了这样的两个实验：

实验一：为了研究回忆过去的嫉妒经历对人的影响，研究人员把参加实验的学生分为两组——实验组和控制组。要求实验组的学生写下自己嫉妒他人的经历，而控制组的学生不需要这样。随后，两组学生都要阅读一些由研究人员虚构的采访报道。在报道中，一些谎称跟参与者同校的学生在采访中回答了一些关于学习和目标的问题，但并没有说任何可能会引起嫉妒的话。每个参与者会观看两位与自己性别相同的虚构同学的资料。实验结果是，与不需要回忆嫉妒经历的控制组学生相比，实验组学生花了更多的时间来阅读采访报道，事后也能回忆起更多的采访细节。

研究者认为，这也许是因为回想过去关于嫉妒的记忆，会使人更加关注当前的同辈人，即使这些采访对象并没有表现出特别的过人之处。实验一说明过去的嫉妒会让人思维更加敏锐，那新近的嫉妒会有怎样的效果呢？这就是实验二探讨的内容了。

实验二：针对新近发生的嫉妒，研究者让参与实验的学生们观看一组伪造的同性别同学的采访报道和照片。这些同学，既有长相出众、开宝马的富二代，又有长相普通、家庭条件差但刻苦学习的普通人。学生们看完这些人的资料后，研究人员询问他们的感觉，并测量他们阅读每个采访花费的时间。结果在研究者的意料之中，那些让人嫉妒的家伙吸引了学生们更多注意，学生们能记起更多关于他们的细节。

这两个结果都指出，嫉妒能引发大脑产生一连串高效率的认知活动。

名言堂

嫉妒永不休假。

——外国谚语

心灵感悟

著名精神分析学派心理学家弗洛伊德在《图腾与禁忌》一书中这样写道:“嫉妒是一种感情状态，如悲伤一样，可以归结为正常的。”他指出，嫉妒是一种正常的情感状态，嫉妒的出现更是无可厚非的。而我国文人余秋雨先生对嫉妒的看法是:“面对嫉妒，谁也难以充当一位居高临下的医生。这是我们城堡中一种源远流长的传染病，已有不少人因它而疯，因它而死，只是还留下了不少病情稍轻的人。”余先生的语句虽略显悲观，但也指出了嫉妒是一种普遍现象。

每一天，我们都可能因为各种各样的理由，对学习、朋友、他人、生活产生种种不满；每一天，我们也会遇到对自己和对周围世界不满意的人，这实在是再正常不过的事情了。但是，为什么你有我也有的嫉妒，却给不同的人带来不同的结果？因妒生恨，心理疾病，行为失常……嫉妒会出现在我们生活的各个方面，并伴随着各种负面的情绪感受。但是我们无须回避，就像我们伤心时要哭泣一样。只是，我们需要明白，哭泣之后，整装待发，继续起舞！所以，接受嫉妒的存在，正视它的危害，是认识嫉妒的第一步。

关于嫉妒的作用和危害，正如一些哲人所说，“心怀嫉妒者永无安宁，心中烦躁，坐立不安，苦恼不止”。嫉妒容易使人产生消极行为，产生心理问题，甚至使人出现极具破坏性的行动，以此发泄自己的嫉妒心理。嫉妒使人不能容忍别人胜过自己，不能正确认识自己，并且产生报复心理。如果说嫉妒也是一种竞争，那么它只是低层次的竞争，这种竞争无益于成长，若引导不当，很容易导致攻击、破坏等不良后果。所以，了解嫉妒的作用，知道嫉妒伤人伤己，并培养宽广胸襟，悦纳自己，是非常重要的。

第二章　嫉妒，让我认识你

也许我们承认了自己的嫉妒，坦承这种酸酸涩涩、不甚愉快的感受。可是，关于嫉妒，我们脑中还充斥着太多太多的问号——为什么有人更容易嫉妒？是什么导致了嫉妒？嫉妒会给我们的生活带来什么样的影响？

让我们继续这段有关“嫉妒”的旅途吧！在这里，你将看到嫉妒的更多层面。

- 什么样的人爱嫉妒？
- 嫉妒的原因有哪些？
- 嫉妒会导致哪些不良后果？
- 什么是积极的嫉妒？
- 什么是消极的嫉妒？
- 你的嫉妒心有多强？

第一节　嫉妒的人

心情故事

柏拉图的椅子

柏拉图年轻的时候，就在学术方面很有成就。一次，有人送给他一把精致的椅子，以示对他的景仰。柏拉图为此事激动不已，对椅子珍爱有加。

不久之后，几位朋友相约来到柏拉图家做客，看到这把椅子时便问其由来，柏拉图自然带着激动的情绪如实告知。听完柏拉图的讲述，一位朋友突然跳上椅子，对其进行疯狂的踩踏，嘴里还不停地叫嚷着："这把椅子代表着柏拉图心中的骄傲与虚荣，我要把他的虚荣踩坏！"在场的人无不为之震惊。面对朋友突如其来的举动，柏拉图却显得非常平静，他从内屋取来抹布，细细地把被人踩得脏兮兮的椅子擦拭干净，然后对那位朋友说："谢谢你帮我踩掉心中的虚荣，但现在我也帮你擦去心中的嫉妒。你可以心平气和地坐下和大家喝茶了吗？"

"羡慕嫉妒恨"是很多人挂在嘴边的一句话，嫉妒到底是否人人都有，很难说清楚，但是不可否认嫉妒确实是一种极其普遍的现象。

心理小百科

前面我们提到，嫉妒心理主要源于心理上的失衡感。那么，什么样的人最容易失去心理平衡，嫉妒别人呢？让我们一起看看哪些性格的人容易嫉妒吧！

（一）不自信的人

嫉妒的一个原因是别人比自己更优秀、更受欢迎，这可能是事实，但也可能只是你的主观感受。在涉及嫉妒的情境中，我们经常是不客观的：透过放大镜去观察别人的优点、成就和秉性，留着显微镜观察自己。这就产生了心理上的不自信，而这种感觉会导致我们很在乎别人对自己的评价，对周围的动静也特别敏感。不自信—嫉妒—更加不自信—更加嫉妒……这仿佛形成了一条恶性循环的长链，让人深陷其中难以自拔。

相较之下，自信的人面对技不如人的情境，并不容易产生恶性的嫉妒，他们的应对方式是化嫉妒情绪为动力，相信凭借自己的努力和能力一定能超越别人。对自卑的人来说，拿不出信心和动力，便只能以嫉妒别人来获得心理上的平衡了。

为什么我就是不如你？

韩梅和赵慧同时报名参加了学校的演讲比赛，两个人经常一起练习、切磋。几次下来，韩梅总是觉得赵慧的演讲水平高自己一筹：声音清澈甜美，肢体语言丰富生动，连模样也比自己漂亮。而韩梅自己私底下偷偷练习时口齿还算流利，但观众一多便慌了神儿，总是不断出错。周边同学私下的讨论声也断断续续传入了她的耳朵。“赵慧的演讲真的好棒！”“是啊，我觉得她肯定能拿一等奖……”“韩梅也还可以，就是心理素质有些差。”

渐渐地，韩梅再见到赵慧时脸上的表情总是淡淡的，心里也有些愤愤不平：“为什么你身上就挑不出毛病来呢？”

（二）自尊心太强的人

自尊心是指一个人对自己的价值所作出的评价，一般有这么几种体现：自信、自爱、自负、自卑、偏激。应该说，前两者是自尊心积极的一方面，能激发我们自重自爱、奋发进取；但自尊心过于强烈，产生的是自负或偏激时，就会带来负面的影响。比如，自尊心太强的人会产生孤傲、清高的心理，不能正确估计自己的长处，以己之长度他人之短，看不起别人。过于强烈的自尊心还会发展成为嫉妒的心理，不能正确对待别人的长处或成就，主观地贬低他人或过分抬高自己来维护自己的位置。在这一点上，连科学家也不能免俗。

故事小贴士

科学家的嫉妒

法拉第是英国著名的物理学家，他是电磁感应学说的创始人，并发明了世界上第一台电动机。然而，法拉第的科研历程并非一帆风顺，在他初露头角的时候，也遭受了嫉妒的“暗算”。

法拉第的学说最初发表时，扑面而来的不是赞美，而是人们的非议，大家纷纷指责他窃取了另一位科学家的研究成果。

孤立无援的法拉第希望自己的老师——英国皇家学会的会长戴维，能够站出来为自己主持公道。不料，戴维老师却对此一直保持沉默。

过了很久，法拉第才知道，原来散布谣言的人正是自己的老师戴维。戴维看到法拉第在自己失败的领域取得了成功，自尊心受到了严重挫伤，产生了嫉妒。除了散布谣言，他还以会长的身份阻止法拉第加入英国皇家学会，让年轻的法拉第饱受挫折，曾一度放弃电学的研究。

直至戴维去世两年后，法拉第才得以继续当年的电磁实验，发现了具有划时代意义的电磁感应。可以想象，假如没有戴维的重重阻挠，电磁感应学说的诞生也许会提早很多年。

（三）以自我为中心的人

自我中心主义者是这样一群人，他们过度地关注自我的感觉、地位、权利、能力，并且具有非常强的虚荣心。以自我为中心的人，语言表达中有一个特点，总是“我”字挂在嘴边，“我如何”“我怎样”是他们与人交流最多的句式。

通常，下面这些情况容易引起自我中心：

(1) 敏感型气质。拥有这种气质的人性格内向，对外界的反应过分敏锐，比如我们常说某些人开不起玩笑，就是指这种类型的人。

(2) 儿童期被父母过分称赞而娇纵任性，或者过分苛责而自卑怯懦。

(3) 没有认清理想与现实的距离。

(4) 童年时没有得到良好的照顾而缺乏安全感。

总之，自我中心主义者需要借由别人的评价来确定自己的价值，一旦他人的评价低于自己的预期，或者见到一个比自己更受欢迎的人，就会产生嫉妒感。

 故事小贴士

以自我为中心的晓静

晓静一进教室就看到几个同学拿着新出的《中学生作文月刊》在说个不停。

“快看，这不是咱们班赵小美的作文吗？”

“居然发表了！好厉害！”

晓静一个箭步冲上去，生硬地挤进了讨论的阵营。

“嘿，你们知道吗？其实我也发表过作文，也得过奖！我还参加过好多竞赛呢，都获过奖哦！写作文这种事情我最有经验啦！”

噼里啪啦说完之后，晓静一脸扬扬自得地走开了，心里想着：“大家讨论我就好了，不要提别人嘛！”

身后的几个同学面面相觑：“晓静跟我们说这些干啥呀？”

（四）闲散的人

忙碌的人不嫉妒，因为他们大多属于行动派，一整天都在集中精力学习和工作，哪里还有闲情逸致去嫉妒别人呢？他们更善于行动，在别人妒火中烧的时候，他们早就悄悄上路，从容地朝着既定目标前进了。

闲散的人爱嫉妒，因为他们大多属于幻想派，整天耽于幻想且不愿意用努力来改变现状。面对自己和他人之间的落差时，忙碌者奋起直追，闲散者只能采用嫉妒来抒发心中的不满。正如培根所说：“嫉妒是一种四处游荡的情绪，能享用它的只能是闲人。”

当闲散VS忙碌

小牧和阿平是同桌，两个人在入学之初一起定下了学习目标——下次的考试要前进十名！

有了目标之后，小牧很快就投入了行动，每天早起晨读，上课认真听讲，遇见不懂的知识也会向老师和同学请教……阿平却一直懒懒的，一直对自己说：“晚几天我再好好学习，一会儿就追上小牧了。”

日子一天天过去了，小牧的进步越来越明显，阿平却在自己的“明日复明日”中原地踏步。阿平的心情开始有些糟糕，看着自己旧日的好朋友，心里总是无端地生出许多不爽：“哼，上课那么爱发言，下课那么爱追问，瞎积极什么嘛！”

（五）心胸狭窄的人

心胸狭窄的人爱计较小事，特别注意别人在哪些方面超过了自己。譬如，这次考试小A比我多考了几分，昨天做值日小B提前走了五分钟，小C比我更受大家欢迎……对心胸狭窄的人来说，生活总是布满了挫折与陷阱，放眼看过去，都是别人的如意和自己的失意，别人的走运和自己的倒霉。嫉妒别人而产生的痛苦和挫折感，会一直像阴云一样笼罩在他的头顶。在极端的情况下，心胸狭窄的人会萌生出“我不好你也别想好”的想法，而其中最典型的表现，就是“螃蟹心理”了。

关于“螃蟹心理”，有这样一个小故事。

渔民们捕捉螃蟹的时候，会用一个方形的箱子装起螃蟹。螃蟹在箱子里挤成一团，虽然箱子上方并没有盖子，渔民们却从不担心螃蟹会逃走。为什么呢？

因为爬到最上面的螃蟹总会被下面的螃蟹拉下来！

“螃蟹心理”就是只要当别人的境况优于自己时，出于嫉妒而做出的“比不上别人也不能让他好过”的行为。

嫉妒的时候，记得反省一下，自己是不是也变成了一只横行的螃蟹，拽住了别人，自己也没有进步呢？

名言堂

每一个埋头沉入自己事业的人，是没有工夫去嫉妒别人的。

——培根

第二节　嫉妒的原因

心情故事

潘多拉的盒子

宙斯为了惩罚普罗米修斯将火种带到人间，命令诸神创造出了一个极为美丽危险的女人——潘多拉。潘多拉被创造之后，宙斯命人把她带去人间，送给了普罗米修斯的胞弟埃庇米修斯。埃庇米修斯为潘多拉的美貌而神魂颠倒，忘记了哥哥曾说过“不要接受宙斯的任何赠礼”的警告，十分高兴地接受了她。殊不知，潘多拉手上捧着的礼物——那个紧闭的大盒子，承载着世间的所有邪恶。潘多拉打开盒子时，所有邪恶都释放了出来——贪婪、虚无、诽谤、痛苦，当然，还有嫉妒……

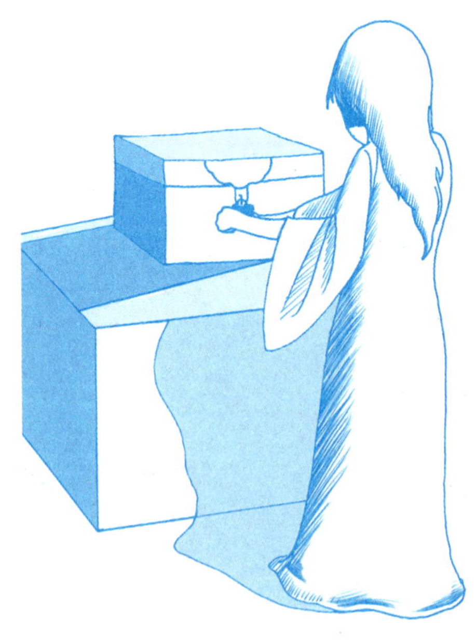

希腊神话告诉我们，潘多拉打开了盒子，将万恶的“嫉妒”释放到了人间，从此人类开始饱受嫉妒之苦。

历史学家戴着厚重的眼镜说，嫉妒心理是伴随着“私有制”产生的，当出现了阶级的对抗和社会不公平意识时，人们便开始自私自利、损人利己。

心理学家弗洛伊德也站了出来，讲了一个“俄狄浦斯弑父娶母”的故事，告诉我们，嫉妒深深地根植于无意识之中，源于我们童年时期的情感生活。

而我们在现实生活中，常常会发现，嫉妒的人往往喜欢关注别人无关紧要的小事，如“他成绩那么好但是字写得一塌糊涂，他今天穿的裤子真糟糕”“原来她长了那么多雀斑，难怪每次化妆化那么漂亮”等等。嫉妒的人是在不断地对别人的打击中寻找乐趣，以求得内心平衡。

所以，引发嫉妒的原因有很多，包括社会环境的原因，也包括我们自己的心理原因。下面，我们一起来看一下吧！

心理小百科

（一）嫉妒的社会原因

1. 竞争

在生活中，竞争无处不在。幼儿园里，我们会比较谁得了更多的小红花，谁更讨老师的喜欢；进了小学，我们会比较谁的分数更高，谁的朋友更多；到了中学，竞争更加激烈，主题也更加多样了——从外貌、衣着、才艺，到学习、人际、异性缘，简直无所不包。

竞争可以说是一场人们为了争取有限资源等而产生的生存竞赛，有赢就有输，有前进就有退步。当别人在某一方面处于优势地位时，就有可能会妨碍我们对这种资源的取得。所以，竞争很容易触发嫉妒心理，因为我们会本能地对竞争中处于优势地位的人产生嫉妒。

故事小贴士

谁动了我的友谊?

小美和小雨是一对很要好的朋友，两家离得很近，每天都一起高高兴兴地上学、放学，温习功课和做作业也喜欢凑在一块儿。

有一天，班主任在班上宣布，这次期末考试中成绩最优异的同学，将作为学生代表在这次的家长会上发言。小美和小雨作为班上的尖子生，听了班主任的话兴奋不已，都是一副摩拳擦掌、跃跃欲试的样子。

周末，小雨拿着风筝跑到小美家，敲了好一会儿门，小美才把门开了一条小缝儿，眼神躲躲闪闪地说："小雨，我今天身体不舒服，不想出去玩了……"下一个周末，小美还是如此，甚至连放学后都不和小雨一起写作业了。碰了好几次钉子后，小雨越想越气："哼，哪里是身体不舒服，分明是在偷偷学习嘛！"

后面的日子里，小雨和小美越来越疏远，两个人都在拼命学习，为了能在期末考试中考个第一名而暗自较劲……

2. 利益

有人说，嫉妒的根本原因在于我们认为他人的发展会损害自己的某种利益。这个利益包括地位、权力、名誉，也包括感情和其他我们喜欢、追求的东西。

利益带来的嫉妒可以被其他因素冲淡一些，如果两个人之间的利益是息息相关的，或者有比利益更重的感情维系，那么在这种情况下，单纯由利益引发嫉妒的事情就要少些。

3. 家庭环境

话说，茫茫宇宙中，有一种神奇的生物。

这种生物不玩游戏，不聊QQ，天天就知道学习，回回年级第一。

这种生物可以九门功课同步学，妈妈再也不用担心他的学习了。

这种生物考清华，上北大，能考硕士、博士、圣斗士！

这种生物，叫作别人家的孩子……

“别人家的孩子”这一现象，本意是父母对孩子的一种期望，但如果这种期望表达得有些过了分，天天把自家的孩子和有形兼无形的对手作比较，在这种家庭氛围中，孩子很容易将这种夸张化的“比较观”内化到自己的思维中，滋生出嫉妒心理。

故事小贴士

别人家的孩子

小梅今年读初二，她最受不了的就是妈妈的唠叨。

期中考试的成绩刚下来，妈妈就拿着成绩单，絮絮叨叨地在小梅耳边说：“我同事的女儿在你隔壁班，这次数学考试得了满分，英语考了98，就扣了2分！”

放学了，小梅在房间学习英语，妈妈端了一盘水果进来，放下水果的时候，对小梅说：“我老朋友的儿子前一阵子刚参加了个英语竞赛，听说拿了一等奖呢！小梅，你也要加油啊！”

周末了，小梅和几个同学去公园溜冰，大汗淋漓地回了家，妈妈皱着眉头对她说："隔壁邻居家的女儿今天一天都没出去玩，就待在家里补习功课呢，看人家多用功！"

小梅对"别人家的孩子"是又羡慕又嫉妒，可她真的受不了妈妈的唠叨，她很想对妈妈喊一句："别人家的孩子好，你找别人的孩子做你女儿好了！"

很多父母爱拿"别人家的孩子"来和我们比较，目的是给我们一个奋斗和努力的目标。但事实上，过多的比较只会损伤我们的自尊心、上进心，甚至还会影响我们和父母的关系。

如果你的父母经常提"别人家的孩子"，你可以告诉他们——

"其实，你们更应该让我'和自己比'，而不是'和别人比'。此外，如果确实觉得别人家的孩子在某一方面值得我学习的话，那么最好先对我表现好的方面给予表扬和肯定，然后再客观分析别人家的孩子的优秀之处，在此基础上建议我如何学习别人的长处。这样，我会更容易接受哦！"

（二）嫉妒的心理原因

1. 公平感

当我们认为社会中存在不公平现象，使我们和他人在竞争、分配、资源占有等方面处于不平等地位时，我们容易怨恨和嫉妒。

公平感的另一个表现是付出与回报的比例。我们一般认为，付出与回报应该是成正比的，付出得多应该得到的多，付出得少也应该得到的少。但当我们发现或认为人们的付出与回报不对等时，或者自己付出同样的努力却得不到同样的社会认可时，心里就不平衡，容易产生嫉妒。

故事小贴士

“收支不平衡”的真真

真真是个勤奋用功的孩子，上课认真听讲，老师布置的作业一个也不落下，周末还乖乖地去参加补习。可即便如此，真真的学习也一直保持在中上等水平，没有大的进步，也没有大的退步。

可令真真气愤的是，同桌晓晓平日里吊儿郎当，上课总是走神儿，作业也写得马马虎虎，只是在考试前会认真地抱几天“佛脚”，结果每次考试都不赖，和真真不分上下，甚至有时还比她高上几分。

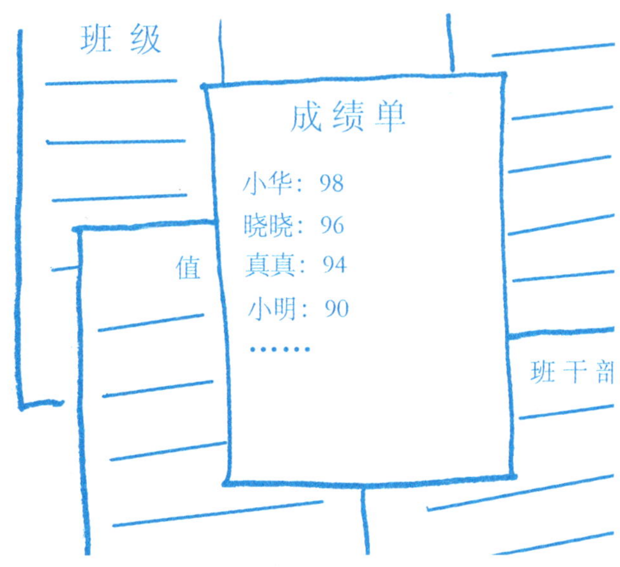

真真气坏了，也嫉妒坏了。“我这么用功，她却只是考前看几天书，为什么每次都考得那么好呢？”

2. 挫折

挫折也是产生嫉妒心理的一个根源。我们每个人都有超越他人的愿望，但由于“天外有天，人外有人”，这种超越的愿望不可能全部得到满足。愿望的落空，造成了心理上的挫折感受，而别人坐拥的成功和荣耀会引发我们强烈的不满和嫉妒。

故事小贴士

“丑小鸭”式的嫉妒

小寒与小童是两名普通的初中女生，同在一个宿舍生活。小寒漂亮可爱，性格也活泼开朗；小童内向一些，话不多，学习却是拔尖。虽然两人性格迥异，但朝夕相处下来，她们成了几乎形影不离的好朋友。

日子久了，小童逐渐觉得在小寒面前，自己就像一只丑小鸭，把小寒衬托得更加美丽高贵。小寒心里的想法却是，自己脑袋笨笨的，怎么努力学习也追不上小童，真叫人灰心丧气。

有了这样的想法，小童和小寒对彼此再也不像之前那么热情了。

可小童和小寒都没有意识到，自己只看到了对方的长处，没有看到自己的长处……

3. 个性

个性自我中心、自卑、好强、过分敏感、心胸狭窄的人，最容易对别人的胜出感到难受，进而会产生强烈的嫉妒感。这样性格的个体不易接受现实，一旦感到自己不如别人，不论关系远近亲疏，都会自觉或不自觉地流露出嫉妒和不满。如果个性因素又加上竞争、利益等外在催化剂，嫉妒会以极快的速度滋生蔓延出来，在强烈的嫉妒心理的主导下，甚至出现攻击行为。

故事小贴士

孙膑和庞涓的故事

相传，战国时期的孙膑和庞涓原是一对情同手足的师兄弟，共同追随鬼谷子先生学习兵法。只是，两人的性格大相径庭，孙膑好学而稳重，庞涓精明而功利。后来，庞涓耐不住深山学艺的艰苦与寂寞，不听孙膑的劝阻，独自一人投奔魏国，并得到了魏惠王的重用，当了魏国的元帅兼军师。

孙膑继续留在深山中苦学，鬼谷子先生见孙膑勤奋，就把自己珍藏的《孙子兵法》十三篇传给了孙膑。孙膑如获至宝，刻苦攻读，把全部兵书和鬼谷子先生的补充都熟记心中。

孙膑的名声渐渐在各国传开之后，魏惠王让庞涓通过师兄弟的关系，去请孙膑到魏国为自己效力。庞涓心中虽不情愿，却不敢违抗魏惠王的命令。可当学富五车的孙膑来到魏国时，庞涓预感到自己的地位受到了严重的威胁，嫉妒心理开始膨胀了。为了让孙膑失去魏惠王的信任，他设计陷害孙膑私通外敌，致使孙膑受刑终身残疾。

名言堂

现代社会是竞争的社会，瓜葛的社会。而且，也意味着现代的人，生活在嫉妒的温床中。

——诧摩武俊

第三节　嫉妒的结果

心情故事

害己的嫉妒

有一个人遇见上帝。上帝说："现在我可以满足你任何的一个愿望，但前提是你的邻居会得到双份的报酬。"那个人高兴不已，但他仔细一想："如果我得到一份田产，我邻居就会得到两份田产了；如果我要一箱金子，我邻居就会得到两箱金子了；更要命的是如果我要一个绝色美女，那么那个看来要打一辈子光棍的家伙就会同时得到两个绝色美女……"他想来想去不知道提出什么要求才好，他实在不甘心被邻居白占便宜。

最后，他一咬牙："上帝，你挖我一只眼珠吧。"

嫉妒是一种不良的情绪，它会导致不服气、敌意、憎恨和破坏的冲动。因此，嫉妒又是一种攻击性极强的情绪，具有很大的破坏力。通过上面的小故事，我们也可以知道——嫉妒这东西，既害人，又害己。

心理小百科

看完故事，我们再来了解一下嫉妒到底有哪些危害吧！

（一）影响身体健康

我国古人早就对嫉妒伤身作过描述，甚至在古代医学典籍《黄帝内经·素问》中写道："妒火中烧，可令人神不守舍。"当熊熊的妒火在胸腔中烧起来，它会迅速地蔓延到体内的五脏六腑，折腾得大脑紊乱、神经失调……总而言之，心里不好受，身体也得跟着遭殃。

前面我们讲的"生气水"的故事就从科学实验的角度证明了嫉妒对我们身体的伤

害，现代医学也早就告诉了我们——一个人如果长时间处于不良的情绪中，就会产生各种各样的疾病，比如胃病、高血压、头痛、溃疡等。而所有不良情绪中，嫉妒对身体的危害绝对可以挺进前三甲！

（二）妨碍学习进步

当我们的心思耗费在痛苦、难受、憎恨和敌意的情绪漩涡中时，我们还能集中精力学习吗？答案肯定是“不能”。

当我们陷入嫉妒的泥沼中不能自拔，被妒恨蒙蔽了双眼时，我们还能静下心，虚心向那些成功者学习吗？答案还是“不能”。

嫉妒在拖垮身体健康的同时，也给我们的内心加上了一个“金钟罩”，我们只看到了自己内心涌动的不开心，而忘记了瞅一眼外面。长此以往，自然也断绝了自己前进的路。

故事小贴士

倔强的阿美

阿美的心情糟透了，数学小测验，同桌小梅考了满分，而自己只得了可怜巴巴的68分。晚上，阿美把自己关在屋子里，心里想着：“今天晚上我无论如何也要攻克这些难题，我一定要追上小梅！”

十分钟过去了，二十分钟过去了，三十分钟过去了……

一个小时过后，阿美才恍惚地发现自己手里的笔几乎没动。她刚才脑子里晃过的，只有小梅那张拿了100分的卷子和她开心的笑脸，心里涌动的，只有漫无边际的愤怒和嫉妒……

第二天，阿美拿着自己改动不多的卷子回到了学校。小梅看了一眼，对阿美说：“阿美，那最后一道题很重要，说不定下次考试还会考，我讲给你听好不好？”

“不好！”阿美气嘟嘟地背过身转过头，小声嘟囔着，“才不要你的施舍呢！”

（三）徒惹情绪烦恼

历数几种不良的负性情绪，恐怕没有其他情绪会比嫉妒带来更持久的苦恼。

还记得嫉妒的感受吗？那么复杂，不是单纯的痛苦，也不是单纯的愤怒，更不是深切的恐惧，它是一种复合情绪。酸酸的，涩涩的，那种让人内心极度不舒服的酸意和随时要喷涌出来的愤怒……嫉妒的时候，必然导致不开心。理性地看一下，你会发现经常处于嫉妒状态的人，其实是在煎熬自己的内心，让心思无谓地耗费在痛苦、难受、憎恨和敌意的情绪漩涡中。这样把自己折磨来折磨去，对别人的生活丝毫没有影响，最终受苦受难、一无所得的，还是自己。

爱嫉妒的人和他的邻居

有一个人，非常嫉妒自己的邻居。只要看到邻居过得好，他就很不高兴。

每一天，他都盼望着自己的邻居倒霉，也许是走在路上被花盆砸到头，也许是躲雨时不小心被雷劈，也许是过马路时发生车祸……总之，他很“真心”地希望邻居的日子不好过，在各方面都比不上自己。

可是，无论他多么盼望邻居倒霉，邻居的小日子依旧过得红红火火的。每天平平安安地出入家门，家庭和睦又幸福，孩子也特别争气……一看到这些，他心里的嫉妒就更深一分，对邻居的恨意也更深一分，甚至他开始在脑中幻想如何才能伤害对方，不过转念一想到自己可能要上法庭进监狱，他就逼自己放下了这些念头……

日子一天一天过去了，邻居的生活依然过得好好的，他却依然深陷在嫉妒的痛苦之中。

（四）容易产生偏见

嫉妒与偏见，可谓是一对孪生的怪胎，有嫉妒的地方，就会滋生偏见。并且，这“兄弟俩”有一个极为相似的特点——顽固性，一旦心里放进了嫉妒或者偏见，就仿佛一下子长了个“牛鼻子”，撞到了南墙也不肯回头。

在“嫉妒心理高高挂”的情境下，我们的心态早已失去了平衡，对人对事往往是无一例外地抱着否定和排斥的态度。这种时候，更容易以偏概全，以小为大，化无为有了。

并且，偏见和嫉妒有时候会造成一种恶性循环——因为嫉妒产生了偏见，在偏见的驱使下看对方更不顺眼、更加嫉妒，因为强烈的嫉妒感，偏见也越发强烈深刻了……

故事小贴士

小辉的“坚强”信念

小辉和小明都是班上的尖子生。近来两三次考试，小明的成绩都是第一名，小辉则屈居第二。看到老师和同学们称赞小明，小辉的表情总是不屑一顾：“哼，他能考第一名还不是因为他和班主任是亲戚，老师们都照顾他的！”

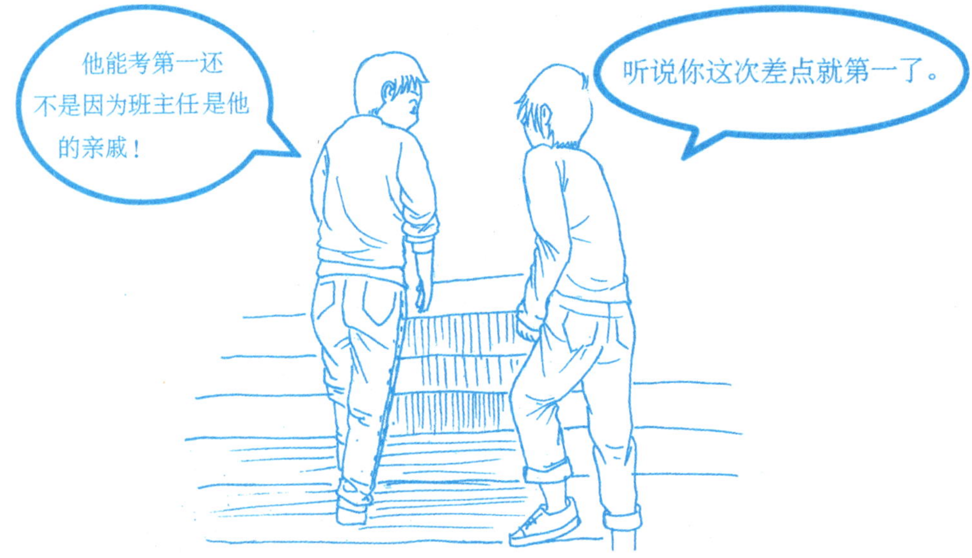

正上着课，小辉一歪头看到了小明正在认真听课、做笔记，他心里又是气不打一处来。“装什么装嘛，你即便不这么用功，老师们也会看班主任的面子，给你打个高分的！”

课间，身边的同学在传阅小明的作业本，昨天晚上的那道数学难题他解出来了。小辉不在乎地瞥了一眼，低声地说：“有什么了不起的！没听说过‘近水楼台先得月’吗？班主任是他表叔，放学后肯定会辅导他功课的啊！”

……

几周过去了，小明依然是班里的第一名，小辉的成绩却落后了许多。看着小明，小辉心里更不舒服了，而“班主任给小明开小灶，其他老师给小明亮绿灯”的想法也更坚定了……

（五）影响人际关系

有一个形象的比喻说，嫉妒者总是用望远镜观察一件事，把微不足道的事情都给放大了。并且，嫉妒心理一旦产生，我们的心中不免会有一种排斥性，排斥超过自己的人，排斥过得比自己好的人，排斥比自己更受欢迎的人……

嫉妒心理在人际交往中还有一个突出表现，就是秉持一个观点——我都是对的，你都是错的。每当与别人发生冲突的时候，从不会冷静分析事情的原委，一概认为是对方的错，是对方有意为难自己。长此以往，就在无形中站到了大家的对立面，远离了同学，也远离了朋友。

故事小贴士

狄仁杰的故事

狄仁杰是一代名相，并且，也是一位时时注意克服嫉妒心理，不使嫉妒影响人际关系的典范。

武则天任命狄仁杰担任宰相时，曾对他说过："你当刺史时，廉洁清明，百姓安居乐业，是一个很难得的地方官。可在朝中，竟然还有人在弹劾你，历数你的不当之处。我现在把这些人的名字告诉你，你今后对他们提防一些。"

狄仁杰急忙回答道："不，不，请陛下千万不要说出他们的名字。一个人最怕心中有私怨，一旦有私怨，先入为主，好人也可能看成坏人。如果知道了谁弹劾过我，我心中不免产生愤懑之情，若因此使我不能公正地对人对事，就辜负了陛下的美意和预期了！"

在此后的宰相生活中，狄仁杰一直奉守着对人对事不怀私怨的原则，坦荡地面对别人的嫉妒，不带私怨，尽职尽责，最终成了名垂青史的一代名臣。

（六）消磨自我斗志

嫉妒往往是和挫折联系在一起的。挫折之后，也许有人会化嫉妒为动力，奋起直追，有人却会沉溺在嫉妒情绪中，口中有怨怼，足下无行动。久而久之，嫉妒者和被嫉妒者之间的距离只会越拉越远。当远到无法企及时，嫉妒者为了保护自己那颗弱小的自尊心，就会采取一种“精神胜利法”——口口声声地对自己和别人说：“我才不在乎那些东西呢，我只是不屑和你争而已！”

故事小贴士

“精神胜利”的小胖

众所周知，小胖是颇具有“阿Q精神”的一个人。

班里要评三好学生，小胖心动了一下，可看了看其他的竞选者——小A成绩优秀，每次都考第一名；小B是班长，在班里很有威信；小C人缘超好，有着雄厚的群众基础……“算了算了，我凑什么热闹，一个三好学生，值得胖爷我劳心劳力吗？”小胖这样安慰自己。

下周要期中考试了，小胖看着周围的人都在努力温习，心里想着也得抓紧，但翻开书却发现自己不会的地方太多了，课没有仔细听，作业没有认真做，眼见落下的东西实在太多太多。小胖又合上了课本，小声对自己说：“整天学习学习，都学成书呆子了，现在讲究素质教育，看的是全面发展，光成绩好算什么呀？”

班主任找小胖谈心，语重心长地对小胖说：“小胖同学，最近你的成绩下滑了不少，你自己有没有找一下原因？身边的同学都在努力学习，你难道不着急吗？”小胖慢悠悠地对班主任说：“老师，大家都前进也是不可能的嘛，有人进步就有人退步，与其别人退步了痛苦，不如让我退步，因为我对成绩什么的一点都不在乎！”一席话，把班主任也听得目瞪口呆。

（七）导致违法犯罪

当嫉妒过于强烈时，可能会促使我们走上违法犯罪之路，伤害甚至杀害比自己更有成就的人。

故事小贴士

由嫉妒引发的血案

1953年在慕尼黑，有一个年纪越来越大的老姑娘，用儿童车推着她的女性朋友的孩子去散步。突然间，她把车和小孩一起推进了身边的河里。最后的调查结果是，这个女罪犯是突然间抑制不住嫉妒而犯下的罪行，她嫉妒在这个孩子身上体现出来的女友的幸福。

1960年3月15日，美国的各家报纸刊登了一则报道：“一个手持铁棍的男孩杀人犯供称是出于嫉妒妇人的财产。”17岁的戴维·马尔茨，是一家洗衣店的一个工人的儿子，打死了他的同学霍奇的母亲。后来，他向当局坦白，杀人动机是嫉妒这个家庭的繁荣兴旺。戴维经常被这一家邀请去使用他们的私人游泳池，他越来越感到嫉妒。他向法官解释说，霍奇一家人的家庭里有许多他自己家庭不能享受到的东西。

1963年在纽约城里，有一个外貌长得不起眼的临时工，在一场棒球比赛散场之后，驾着自己的小汽车冲上了马路旁的人行道，把在这场比赛中获胜的、长得很帅气的棒球选手撞死了。当时，这位运动员的父母和朋友也都在场。这个谋杀者和失败的球队没有任何关系，据他自己声称，他不能忍受这位相貌出众的运动员这么神采奕奕，这么光耀夺目。

（引自：赫・舍克《嫉妒论》）

名言堂

士有妒友，则贤交不亲；君有妒臣，则贤臣不至。

——荀况

第四节　嫉妒的种类

心情故事

百花齐开放，“嫉妒”不重样

春天来了，花园里的花都开好了。满天星伸展开雪白细碎的花瓣，好奇地张望着这个百花争妍的世界——艳丽的牡丹，浪漫的玫瑰，端庄的玉兰，高雅的海棠，怡人的勿忘我，神秘的紫罗兰……

满天星望着这个美丽的花儿世界，同时，也听到了她们呢喃般的低语。

玫瑰说：“谁说牡丹才是‘花中之王’？那颜色也太俗了些，只有我这一身浓烈的红，才能彰显‘花中之王’的气势！”

玉兰说：“牡丹开得好灿烂，红玫瑰也真漂亮，我一身素净未免有点单调，真希望有一天能像她们一样多姿多彩……”

勿忘我说：“别人都盛放得那么灿烂，我却如此卑微，没有人会注意到角落里的小花，我为何要在白天开放惹人笑话呢？”

……

满天星听着，心里暗暗地想：“面对美丽，大家心里的感受真的好复杂啊。”

心理小百科

嫉妒是多种多样的，有着不同的因，也会造成不同的果。从嫉妒对我们个人的影响上看，可以区分为积极的嫉妒和消极的嫉妒。下面，我们一起看一下积极的嫉妒和消极的嫉妒有什么表现吧！

（一）积极的嫉妒

1. 钦佩型嫉妒

这种类型的嫉妒更多含有的是“羡慕”的成分，嫉妒者们会直言不讳地承认自己的羡慕或嫉妒，如“你又考了一百分，如果我的脑袋瓜也像你一样好用就好了！”“你真走运，我多想也能有这么好的运气！”等等。他们处理嫉妒的方式是，对嫉妒心理所针对的人或事表示钦佩，他们带给别人的，更多的是愉悦和轻松，而不是沉重与焦虑。

钦佩型的人就事论事，常常不会沉溺在嫉妒情绪之中，并且，他们对别人坦诚的赞美和轻松的生活态度会给他们带来知心的朋友和良好的人缘。

故事小贴士

琳琳的好人缘

琳琳的好人缘在班里可谓数一数二的。要问琳琳待人处事的诀窍，只有几个字——多去夸别人！真心的！

小芳的数学考了满分，琳琳在旁边拖着腮帮子说：“真羡慕你，好有数学天赋，嘿嘿，分我一点吧！”

阿妹在体育课上短跑得了个第一名，在旁边累得气喘吁吁的琳琳说：“阿妹，照你这个速度，再过几年就可以跑出亚洲，跑向世界了……”

欣欣的手工模型在市里得了一等奖，琳琳拿着获奖的模型左看看右看看，不停地称赞道："好漂亮！好精巧！"

……

旁边有人不解地问琳琳："你不会对她们感到嫉妒吗？"

琳琳笑一笑，坦诚地说："嫉妒是会有一点点嘛，但每个人都有自己的长处，这是不可否认的现实。与其嫉妒，不如赞美，能给自己和别人都带来好心情。"

2. 推动型嫉妒

这一类型的个体在嫉妒情绪出现的时候，不会怨天尤人、唉声叹气，他们会积极地在嫉妒情绪中寻找原因，探究别人的长处和自己的不足，并化嫉妒为前进的动力。

推动型嫉妒的个体还具有较强的行动力，他们懂得，只有通过实际行动，才能拉近自己和被嫉妒者之间的距离，才能克服自己的嫉妒。所以，他们会主动参与或分担一些事情，提升自己的能力，这样，最终既克服了嫉妒，又增强了自我的价值感。

故事小贴士

“死敌”的力量

小 X 和小 Z 可以说是一对天生的“死敌”。两人初中都在一个班级，学习、体育、才艺等方面可谓不分伯仲。

初中一年级的时候，小 X 的一幅国画获得了市级的奖励，挂在少年宫展览了一周。小 Z 听了，心里暗暗地想：“哼，这小子还有两把刷子嘛，我也要好好加把劲！”没过几个月，小 Z 的科技小发明也获了奖，还在一个地方电视台露了个脸。这下子，轮到小 X 对他说：“小样儿，不错嘛！”

初中二年级，小 X 在一场中学生作文比赛中得了个一等奖，小 Z 也毫不示弱，几天后就参加了一个数学竞赛还取得了不错的成绩……

初中升高中时，两个人更是较上劲了，每天都拼命地学习，生怕自己落后于对方。而最终的结果是，两人都以优异的成绩考上了本市最好的中学……

（二）消极的嫉妒

1. 攻击型嫉妒

嫉妒心强的人，在人际关系中常处于一种攻击状态，喜欢先发制人，主动挑起矛盾和冲突。

攻击型嫉妒往往有三种情况。第一种是“色厉内荏”型——外表强硬，内心怯弱，用强硬的外表掩盖心中的不自信和虚弱感，但常常在强硬中表现出底气不足的一面。第二种攻击型嫉妒者纯属“披着羊皮的狼”，自己装出一副和善的样子，有时还打着关心被嫉妒者的旗号，通过间接的方式（如造谣离间）伤害对方。第三种是“冥顽不灵”型嫉妒，嫉妒的本性——“顽固性”被发挥到了极致，若是攻击目的不得逞，嫉妒者便永不罢休。这种嫉妒心理的攻击性简直令人防不胜防。

攻击型嫉妒是一种非理性的嫉妒，嫉妒者不能容忍别人获得自己未得到的东西，不允许自己的所失变成他人的所得。这种嫉妒往往有着一种着魔般、难以自控的激情，会对嫉妒者自身和他人都构成严重的威胁。

故事小贴士

郑袖的嫉妒——披着羊皮的狼

战国时期，魏王赠给楚怀王一名美女，这名美女也颇得楚怀王的喜爱。这位新宠的贸然出现，打翻了楚怀王另一位爱妾郑袖的醋坛子。

郑袖是个工于心计的女人，表面上她不动声色，将这名美女视为自己亲妹妹一般疼爱，背地里却在想着如何让她失去宠幸。

有一天，郑袖对这个美女说："大王非常宠爱你，但唯独对你的鼻子不太满意，所以在大王面前，你一定要将自己的鼻子捂住。"美女对郑袖的这番话深信不疑，从此再面见楚怀王时，总是羞羞答答地捂住自己的鼻子。

楚怀王一头雾水，便问郑袖个中缘由。起初，郑袖故意装出一副迟疑、为难的姿态，在楚怀王几番追问之下才犹犹豫豫地说："她好像嫌大王有体臭才如此做的！"楚怀王当然不能容忍这种胆大妄为之举，一气之下，将此女处以极刑。

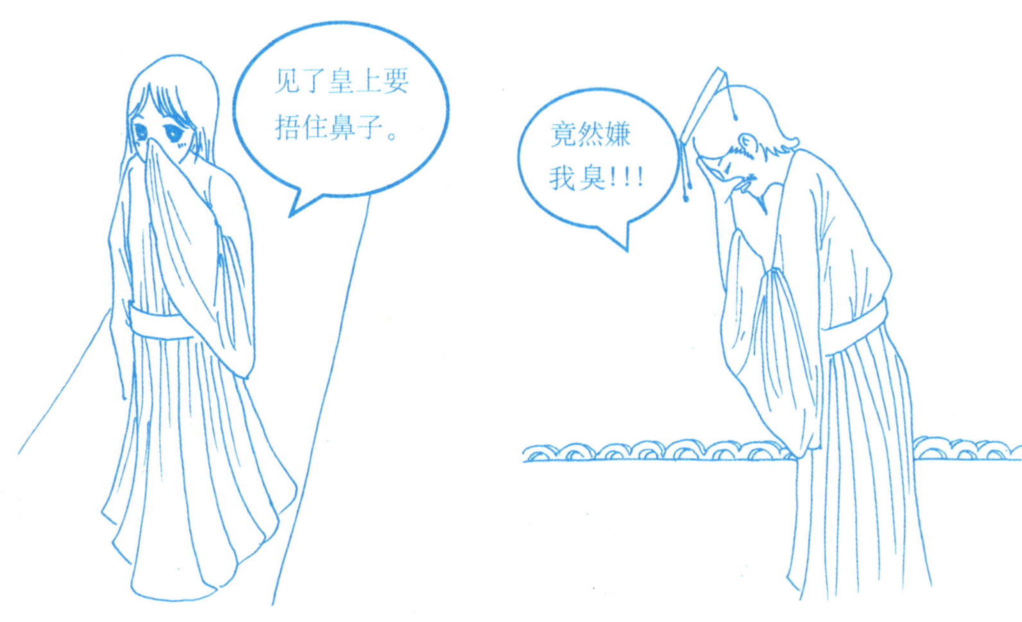

2. 逃避型嫉妒

与攻击型嫉妒者不同，采取逃避型嫉妒的人往往是心理承受能力较差的嫉妒者。一遇到挫折，既没有心思通过自身的努力克服嫉妒，超过对方，也没胆量采取外在或间接的攻击行为，伤害对方。怨天尤人、束手无策之时，嫉妒者只能以自我逃避来做出唯一的抗争，满足和补偿自己的怨恨心理。

逃避型嫉妒实际上是对自身的一种攻击，这种嫉妒者往往是自卑心理相当严重的人，因为自卑，潜意识里认定了自己无法伤害别人，也不能使别人失去什么。但那份强烈的、破坏性的嫉妒情感已经真切地存在于嫉妒者心中，无法向外时，便只有掉头攻击自身了。

故事小贴士

“我要转学！”

小东自小娇生惯养，父母给予了他最丰厚的物质生活，最优越的成长环境。从小到大的托儿所、幼儿园、小学、中学，无一不是市里最好的学校。小东也不负重望，从小到大，一直学习成绩优异，也让父母感到很自豪。

可刚入这所重点中学不久，小东身边就发生了一件很不开心的事情——他的新同桌太优秀了，学习棒，体育棒，人缘也棒，在前不久的班长竞选中以压倒性的票数击败了小东，成功当选了班长。

从小养尊处优、习惯被人称赞的小东，当然不喜欢这个半路杀出的“程咬金”，他开始闷闷不乐，对学习和课外活动突然没了激情，开始不喜欢上学，不喜欢与同桌和其他同学打交道。过了一段时间，小东的“情绪”更加厉害了，他开始以各种理由逃课、逃学，当父母当面逼问他到底想怎样时，倔强的他只是说了一句话：“我要转学！”

心理测试

你的嫉妒心有多强？

请大家准备好一支笔，假设我们要画一个想象中的家园，你会如何画呢？

1. 首先选择一下图画纸的背景：

A. 视野开阔的原野

B. 繁华拥挤的都市

C. 神秘莫测的森林

D. 驰名中外的景区

2. 画上一幢你自己想象的、被称作“家”的房子，你可以选择：

A. 宽敞气派的俄式别墅

B. 实用现代的欧式公寓

C. 简洁干净的日式住宅

D. 典雅浪漫的中国庭院

3. 接下来在房子周围准备的公共设施是：

A. 街心花园

B. 超级市场

C. 中小学校

D. 高级商场

4. 你希望画中有几个人？

A. 1个(自己)

B. 2个

C. 没有

D. 很多(2个以上)

5. 有一辆交通工具供你出行，你希望画上的车子是：

A. 黑色奔驰

B. 金色林肯

C. 红色法拉利

D. 银色劳斯莱斯

6. 花儿是画面必不可少的装饰，你喜欢：

A. 灿烂的樱花

B. 高贵的郁金香

C. 淡雅的桃李

D. 多情的玫瑰

7. 有一条路是通往外面世界的必经之路，你会将它画在哪里？

A. 不管通向哪里，反正在自己车轮之下

B. 这条路连接着“家”和公共设施

C. 这条路在画中人的脚下

D. 被花儿和树木掩映

8. 你可以在画上留下签名，你会选择：

A. 画的左上角

B. 画的右上角

C. 画的左下角

D. 画的右下角

评分标准：

第1、5题：A 0分　　B 1分　　C 2分　　D 3分

第2、7题：A 3分　　B 0分　　C 1分　　D 2分

第3、6题：A 1分　　B 2分　　C 0分　　D 3分

第4、8题：A 3分　　B 1分　　C 2分　　D 0分

分析：

得分在0至3分者，恭喜你不知嫉妒为何物；

得分在4至15分者，有较为普遍而正常的嫉妒情绪；

得分在16至22分者，嫉妒心理需要适当调节；

得分在23至24分者，嫉妒程度——爆棚！

（引自瑞丽网 http://www.rayli.com.cn/0005/2008-01-02/L0005013_282406_9.html）

名言堂

好嫉妒的人就像锈腐蚀铁那样，以自身的气质腐蚀自己。

——安提斯德内

心灵感悟

大艺术家罗素在谈到嫉妒时曾经感慨过："嫉妒尽管是一种罪恶，它的作用虽然可怕，但并非完全是一个恶魔。它的一部分是一种英雄式的痛苦的表现，人们在黑夜里盲目地探索，也许走向一个更好的归宿，也许只是走向死亡与毁灭。要摆脱这种绝望，走向希望和光明，文明人必须像他已经扩展了的大脑一样，展开心胸。他必须学会超越自我，在超越自我的过程中，学得像宇宙万物那样逍遥自在。"

虽然话说得高深，但是我们不难看出，对待嫉妒，若不心胸开阔，不正视自己，超越自己，无异于是给自己的学习和生活平添几多烦恼和纷扰。

每个凡人难免不嫉妒，即使"圣人"，也难打包票说从无嫉妒。但是杰出者往往能用理性去抑制嫉妒，能将嫉妒的能量转换或者升华，在难免产生嫉妒的地方，用它去刺激自己的努力而不是阻挠对方的努力；而那些被嫉妒之火烧毁理智的人，往往会被内心这种疯狂的情绪焚毁，使他人和自己两败俱伤。难怪古希腊哲学家德谟克利特说："嫉妒的人自寻烦恼，这是他自己的敌人。"

下一章，我们就一起来看看怎么面对嫉妒，怎么分享喜悦吧！

第三章　嫉妒，我应怎么面对你

谈到嫉妒，你会想到什么？也许是一个远甚于我们的对手，也许是一个不甚愉快的时刻，也许是一种羡慕加仇视的体验……总之，对于嫉妒，我们给它扣上了许许多多的贬义标签，生怕别人窥见我们内心的“阴暗小角落”……

其实，对于嫉妒，我们不需要如临大敌，不需要敬而远之。当“嫉妒”来临的时候，让我们用坦然的心态，面对嫉妒。

- 理性地认识嫉妒的利弊
- 认识导致嫉妒的不合理信念
- 认识嫉妒背后的真正原因
- 有效应对嫉妒心理
- 用快乐，对抗嫉妒
- 少钻牛角尖，减少嫉妒
- 正确处理他人对你的嫉妒

第一节　嫉妒是毒药

——理性认识嫉妒

心情故事

研究生伤人事件

1996年，武汉一所著名的医科大学发生了一起轰动事件，生物系即将毕业的女研究生谭小华将自己的导师周明教授刺伤，并举刀自杀，未遂。

谭小华是一名成绩优异的学生，在1994年免试成了周明教授门下的研究生。但因为家庭环境的关系，使她形成了自卑、嫉妒的性格。她在生活中没有朋友，出人头地就是她全部的追求，所以她的时间都用在学习上。她嫉妒那些学习超过自己，生活环境比自己优越，甚至人际关系比自己好的同学。

汪志强和谭小华同为周教授的研究生。谭小华勤奋好学，汪志强学习灵活、为人风趣，两人都受到导师欣赏。此时，汪志强便成为谭小华嫉妒的对象。谭小华生怕汪志强在成绩上超过自己，总是想办法让导师给自己单独讲课，而且还不止一次在导师面前中伤汪志强。

1996年4月，周明教授获得了分配一名学生去德国深造的名额。教授几经思考，报了汪志强的名字。谭小华知道后，找到教授大吵大闹，非让导师把名字换成自己的。教授告诉她，已经帮她联系了美国的学校，但她已经被嫉妒冲昏了头脑，不相信教授所说。吵闹不成后，她竟用刀刺向了导师，刺伤导师后，举刀自杀。还好两人都没有伤及性命。

几个月后，谭小华收到了美国某所学校的邀请函，追悔莫及。

在这个真实的案例中，嫉妒就好似一剂毒药，毒毁了“理性人”的正常判断力，歪曲了真实世界的内容，还错误地将伤害他人作为发泄心中不快的渠道，最终害人害己。

心理小百科

之所以会出现这样的遗憾，是源于谭小华的嫉妒。而她的嫉妒，则源于她从小就形成的自卑和嫉妒的性格，不能正确地认识自己。然而，性格的形成跟她的早期人生经历又有着莫大的关系。

早年的谭小华生活在一个贫穷的家庭，父母都是环卫临时工，家里有两个弱智哥哥。小华经常跟哥哥一起遭受其他孩子的欺负和嘲笑。为了避免这种情况，父母将她和哥哥关在家中，不让他们与其他孩子接触。被嘲笑和欺负使她形成了自卑、嫉妒的性格，而这种“与世隔绝”的生活，让她性格孤僻，在之后的学生生活中很少去交朋友。

读研究生时，小华母亲因病去世，她打算外出打工，却得到了父亲狠狠的一巴掌，并告诉她，只有认真读书才能出人头地。这也在小华心中种下了靠读书来维护自己和家人的自尊的种子。所以她勤奋念书，希望由此改变自己的现状。

这些都在她身上烙下了自卑而又极其渴望自尊的复杂印记，成了歪曲她对事物认识的毒药。谭小华接受周教授资助的2000元作为母亲的安葬费后，在日记中这样写道：“谁都希望自己成为恩赐者，那些施舍弱者所得的精神享受是物质享受所无法代替的，今天我成了被施舍者，这礼貌的折磨让我心痛……我一定要努力，要出国，让所有那些看不起我的人都成为我施舍的对象。”从这些语句中我们可以看出她的价值观已经非常扭曲了。

我们已经看到了嫉妒的“杀伤力”，是否我们就对它无能为力了呢？难道这毒药就没有解药吗？

哲学家告诉我们，事物是具有两面性的，因此，就算是剧毒也会有解药的存在。而嫉妒的解药之一，就是要理性认识嫉妒。

我们应当如何理性认识嫉妒？我想我们可以立足于以下两点：

(一) 嫉妒是一种正常的心理现象

嫉妒本就是一种正常的心理现象，就好像我们会吃饭、睡觉、高兴就笑、伤心就哭一样平常。所以，当我们发现自己身上有了嫉妒的蛛丝马迹时，不必惊慌，更不必像谭小华那样，用过激的行为来化解自己心中的情绪。或许，我们可以对自己调侃一下，微笑着对自己说："嫉妒，你来了，可是我不喜欢你哦！"

故事小贴士

很会对自己调侃的童童

童童是个初中生，她对自己的认识是这样的：各方面都在中等偏上，不算好也不算差，"芸芸众学生"中平淡而不平凡的一个。

试想，在一个班级中，佼佼者就那么几个，差生也就那么几个，大多数的成员都是童童这样的。老师鼓励大家争做班级的佼佼者，但任何一个竞争总是"几家欢喜几家忧"。童童也一样。

童童的不平凡在于她一直在为成为佼佼者而努力，而且具有很好的心态。这次的期中考试，童童依然没有超过自己心中的竞争者洋洋。在老师宣布成绩时，童童心中一阵酸涩，觉得自己因为一道题的失误，又屈居洋洋之下了。

但敏感的童童立即觉察到自己嫉妒的意味，对自己笑笑说："嫉妒，你来了，可是我真的不喜欢你哟！洋洋是真的比我有能力，所以我必须更加努力去赶超她。"

（二）嫉妒有好也有坏

在谭小华的案例中，嫉妒的坏处是显而易见的。但“塞翁失马”的故事告诉我们，再坏的事也会有好的一面。在谭小华身上就可以看到一些好处，如正是因为嫉妒带来的动力，才让她那么努力地学习，从而取得优异成绩而使她在研究生考试的时候可以免试通过。

心理学家也告诉我们，适度的嫉妒是有好处的，只要我们将嫉妒控制在一定范围内，就能扬其长避其短。只是，她的嫉妒之火实在太旺了，到了自己无法承受的地步。

名言堂

不要让嫉妒的蛇钻进你的心里，这条蛇会腐蚀你的头脑，毁坏你的心灵的。

——亚米契斯

第二节　嫉妒无罪

心情故事

被嫉妒困扰的李敏佳

李敏佳，初二学生，一直是班级中的学习健将，每次考试都是班级中的前几名。但是，她向咨询老师诉说了她内心深处的“五味瓶”。

在一次年级的国学知识竞赛中，她什么名次都没有拿到。更令人生气的是，平日里国学知识不如她的××，却在竞赛中拿到了第一名。李敏佳觉得这里面一定有鬼，可是老师们好像都不是这样想的。李敏佳还觉得老师们认为自己的学习成绩不如别人了，甚至在班级中点名批评了她，这让她觉得自己无脸面对自己的同学。

现在李敏佳只要一走进教室，就觉得原来同学们熟悉的面孔，变得冷漠无情，耳朵里充满了叽叽喳喳的嘲笑声，总觉得有同学在背后指指点点地说自己的坏话。于是她觉得面红耳赤，全身出汗。当看见胜过她的那个女生时，她就更不自在了。她觉得自己憎恨超过自己的××，不愿意再见到她。为了离开她，她觉得只有休学或转校，否则自己就没法继续念书。

李敏佳出现这样的状况，原因何在呢？

是××不应该超过她吗？是不应该有嫉妒的存在吗？还是李敏佳不应该因为这样的情况去嫉妒呢？

心理小百科

心理治疗中有一种知名而又有效的疗法，叫作合理情绪疗法（理性情绪疗法）。这是美国著名心理学家阿尔伯特·艾利斯在20世纪50年代末所提出的。该疗法认为引起人们情绪困扰或行为问题的并不是发生的某件事情，而是人们对事情的态度、看法、评价等认知内容。因此要改变情绪困扰和行为问题不是致力于改变某件事，而是改变对事情的看法，通过改变认知（看法）来改变情绪。所要改变的认知正是我们心中的不合理信念。

（一）不合理信念的特征

1. 绝对化的要求

是指从自己的意愿出发，认为某事一定发生或一定不发生，常用“应该”“必须”这样的字眼。如，这次考试我必须考进前五。有这种信念的人很难接受跟自己的“必须”相违背的情况，并没有认识到，人们不可能在每件事情上获得成功，即使某件事情获得了成功，也不可能得到所有人的赞赏。

2. 过分概括化

即用某一事、某一言行来进行整体的评价，是一种以偏概全的思维方式。比如，某学生认为如果期末考试没考好，自己就不是好学生；或者妈妈没有给我买新电脑，就是不爱我。

3. 糟糕至极

这种思维方式认为，某一不好的事情一旦发生，其结果必然是可怕的、灾难性的、糟糕至极的，将事情的负面结果夸大到极点。这样的信念会导致焦虑、抑郁、压抑、犹豫等不良情绪。

通过合理情绪疗法，我们可以对李敏佳的情况进行这样的列表：

外界事件	在竞赛中自己没有拿到名次，平时不如自己的××却是第一。
内心认知	我是佼佼者，我不可以输掉竞赛； 输掉竞赛就说明我没有能力，成绩不好，老师、同学，甚至家长都会嘲笑我……
情绪困扰或行为问题	认为同学们在自己背后说坏话； 面红耳赤，全身出汗； 不转校或休学就没法继续学习……

根据列表和艾利斯的理论我们可以知道，引起李敏佳这样的状况的真实原因不是××在竞赛中赢了她，也不是因为有嫉妒的存在，而是因为李敏佳看待竞赛失利的方式，因为那“必须要赢”和“不赢就没有能力、不受欢迎”的不合理信念。

（二）应对不合理信念的措施

1. 嫉妒无罪，但要找到嫉妒背后的真正原因

有研究者说，学历越高的人，越少出现嫉妒。因为他们从知识中学会了打开自己的心胸，学会了认识自己的嫉妒，并将嫉妒化为竞争的动力。

故事小贴士

学会了合理情绪疗法的李敏佳

李敏佳向咨询老师诉说了自己的苦恼之后，咨询老师向她介绍了合理情绪疗法的理论，并让她试着自己去分析一下出现这种情况的原因。

在分析中，李敏佳发现，自己之所以出现嫉妒，是因为自己绝对化的要求和过分概括化的不合理信念。

她对咨询老师说："我认为自己必须在竞争中取得好成绩，当事与愿违时，超过我的对手就成了嫉妒的对象，可实际上是自己在发泄没能实现目标的不满。而且，我还认为，如果我没有取得好成绩，就会被大家认为没有能力，受到大家的嘲笑，尤其是胜过自己的对手。所以，我不想再看到我的对手。其实嫉妒和逃避的始作俑者是我心中不合理的信念。"李敏佳继续说："如果我一早就明白，没有什么是必需的，只要努力付出就是最大的成功，我相信我会与我的对手握手微笑，并向她祝福的。"

咨询老师听到这样的话，很欣慰地微笑了，并说她是一个很有领悟力的孩子。

2. 认识到嫉妒背后的“缺乏”，学会以长补短

曾有人说，人们缺什么就喜欢炫耀什么。而笔者认为还有一方面应该是，人们缺什么就喜欢嫉妒什么。对他人某方面的嫉妒，正好显示出自己某方面的不足。比如，矮个儿嫉妒高个儿，胖子嫉妒瘦子，眼睛小的嫉妒眼睛大的，失败者嫉妒成功者，等等。但是，我们需要反省的是，我们是真的缺乏这些东西吗？如果我们真的没有，那我们实际需要吗？如果也实际需要，那我们应当如何来以长补短呢？

故事小贴士

适合自己的才是最好的

住在森林里的小兔子很嫉妒隔壁树林的小孔雀，因为小孔雀漂亮的尾巴让各种动物都赞不绝口，而自己只有毛茸茸的短尾巴。

于是小兔子找来各种好看的材料，给自己也做了一个像小孔雀那样的尾巴，扎在自己原本的短尾巴上。

有一天，可恶的大灰狼又来侵犯小兔子了。小兔子跟往常一样，准备用最快的速度跑到自己的安全地带，可没想到给自己扎的新尾巴被两棵树给卡住了。小兔子后悔莫及，心想："我的短尾巴可从来不会被卡住啊！"

可怜的小兔子就这样成了大灰狼的盘中餐。

小兔子的故事告诉我们，不管别人的东西多么炫目，适合自己的才是最好的。

立足实际，以长补短

刚从大学毕业的阿峰去一家公司参加面试，发现跟他面试同一个岗位的竞争者是××名牌大学毕业的，而自己却是普通大学毕业的。阿峰知道，在这一点上，自己比不上竞争对手。

但阿峰并不因此紧张，因为他相信自己大学期间参加各种实践活动的丰富经验才是打动面试官的关键。

在面试时，阿峰自信从容地回答面试官的各种问题，让面试官很是欣赏。当面试官问阿峰为何如此自信时，阿峰回答："我知道在学校名气上，我比不上我的竞争对手，这是我的短处，但是我更清楚我的长处才是你们真正需要的。"

名言堂

对心胸卑鄙的人来说，他是嫉妒的奴隶；对有学问、有气质的人而言，嫉妒却化为竞争心。

——波普

第三节　拿掉嫉妒的望远镜

——不要盲目羡慕

心情故事

鱼鱼的苦恼

今天，中学女孩鱼鱼又来到了学校的知心屋，跟知心姐姐聊起了自己最近的苦恼。

鱼鱼是市内一所重点中学的学生，成绩很好，老师、父母和邻居都夸她很能干。一年前，她所在的班级转来了一名女生，成绩跟她不相上下。老师为了鼓励她俩取得更大的进步，就总喜欢把她俩相互比较。学习、品德、才艺、自理能力……都可以成为她俩比较的内容。比来比去，两人虽总是不相上下，但鱼鱼心中感到了一股压力。因为，鱼鱼老喜欢拿对方的长处来跟自己比。

鱼鱼说："我总想做到最好，想要超过她，可我总是做不到。不知道从什么时候开始，我会去揣测她的一切，比如学习、穿衣、护肤品，甚至走路的姿势。我真心觉得自己就是'东施效颦'的现代版，真可笑。而且每做一件事情我都会去想，她会怎么做呢？我们谁会做得更好呢？老师和同学会更喜欢谁呢？"

鱼鱼稍有些激动地继续说："最近，我很想做个自理能力强的女孩，因为上星期班上有同学夸她自理能力强。所以，我想要做得比她更好，只有妈妈离家外出，让我独自

一人来完成家里事务，我才能真正地做到自理……”鱼鱼继续说着自己的自理计划，可知心姐姐心里却在想，她已经在羡慕的汪洋中丢掉了自己啊！

孩子羡慕成人随心所欲，大人羡慕小孩的世界单纯没烦恼，男人羡慕女人可以任性、耍脾气，女人羡慕男人不用生孩子、做家务，没房的羡慕有房的，有房的羡慕有房有车的……

生活中本就充满了羡慕，而羡慕正是嫉妒的前提条件。有人说，羡慕，证明一个人有追求，有动力；有人说，羡慕，是不成熟的表现。但是，盲目的羡慕，很可能让人忘掉真正的自己。

鱼鱼就在这羡慕的汪洋中失去了自己的方向，任由羡慕来掌舵自己的生活。

心理小百科

嫉妒的望远镜，是指我们总是用望远镜去看待嫉妒的对象和事物，将那些我们希望得到的东西放大，并去羡慕别人。其实羡慕本是正常的，它是我们希望获得美好事物的一种期望。但是，如果我们因为羡慕而放弃了自己原本的希望与要求，那就是一种扭曲，一种盲目，一种需要调整的不良心理。

我们知道，羡慕是嫉妒的最初阶段，是看到别人比自己好时，希望自己也能那样好的心理现象。在我们羡慕他人时，嫉妒很可能已经潜藏在我们的潜意识之中。所以，拿掉嫉妒的望远镜，将羡慕（尤其是盲目的羡慕）扼杀在摇篮中，是对嫉妒的一种未雨绸缪的举动。

那么，我们该如何应对嫉妒心理呢？

（一）每一个存在都是不可缺少的

要知道，我们的身边本就存在着各种不平衡，正因为这些不平衡，才能拼凑出生活的平衡与和谐。就像没有矮，我们不知道什么是高；没有忧伤，我们不知道何为快乐；没有辛苦的付出，我们不懂得珍惜成果的来之不易一样。所以，不管我们处在事实的哪一个阶段上，我们都是整个平衡世界的一部分，不可缺少。如果盲目地羡慕他人，不从实际出发，就可能打破本来的平衡，造成悲剧。

故事小贴士

拥有仙鹤般长腿的花母鸡

长腿花母鸡举办了一个派对，邀请朋友们来欣赏自己拥有仙鹤般长腿之后的曼妙舞姿。在派对中，它得到了很多赞扬。可是，当疲惫的花母鸡想要饱餐一顿的时候，它发现因为自己腿太长，没办法吃到地上的食物。

可是为什么花母鸡的腿会变得这么长呢？

原来花母鸡羡慕仙鹤的长腿，梦想着自己也能拥有，所以它一听说仙鹤医生研制了一种“短腿增长剂”后，便请求医生给自己打一针。仙鹤医生明白花母鸡的用意，并诚恳地告诉它：“对不起，这个针剂是针对短腿仙鹤研制的，因为腿太短的仙鹤不能在水里寻找食物，但你生活在陆地上，腿太长反而会影响你的生活。”可花母鸡不听劝告，执意要仙鹤医生给自己打针，并承诺责任自负。

此刻的花母鸡正在角落伤心地哭泣，追悔莫及啊！

（二）请勇敢说出自己的羡慕

嫉妒是人的本性，羡慕则是这本性的前奏。说出自己的羡慕，不仅是一种勇敢，更是对我们羡慕情绪的抒发和排遣，有利于我们的心理健康。

人们可能会嫉妒他人，也可能会成为他人嫉妒的对象。羡慕也具有同样的情况。所以，我们羡慕的他／她，可能也同样羡慕着我们。

故事小贴士

勇敢说出羡慕的鱼鱼

在知心姐姐的耐心引导下，鱼鱼知道了自己是带着望远镜在看自己的同学，是盲目的羡慕。她也明白了就算在穿衣、走路，甚至学习上对方是超过自己的，自己依然有着自己的优点。

这次知心屋的“聊天”结束后，知心姐姐给鱼鱼的作业是回去向那位自己羡慕的同学说出自己的羡慕。

鱼鱼回家犹豫了好久，心想：“虽然我知道了我俩各有各的优点，但是让我主动向对方说出我的羡慕，还是很糗啊！可是，我真的在羡慕她，对她说我羡慕，只是我诚实的表现，没什么可丢脸的。”

再三犹豫后，鱼鱼终于鼓起了勇气。在一天放学的路上，鱼鱼看新来的同学一个人走着，就走向前去，说出了最近自己心中的各种想法，以及对对方的羡慕。没想到对方却说：“你知道吗？我也一直很羡慕你，你有上进心，你的数学尤其好，舞蹈也不错，身高也高……”

听了这些以后，鱼鱼顿时觉得以往的各种羡慕都只是“浮云”。“其实我们两个本来就是不一样的，各有长短，我们可以学习对方的长处，根本不用互相羡慕。”这是再次见到知心姐姐的鱼鱼说的。

（三）多看付出，少看得失

正所谓“台上一分钟，台下十年功”，只羡慕他人的成就，而不看他人的付出是愚蠢的做法。演员们在电视机前的光鲜，是由背后无数练习和彩排堆积的；科学家在领奖台上的荣耀，是由在实验室数十年的研究堆积的；尖子生们获得好成绩，也是用平时比大家更多的努力和思考得来的。

名言堂

凡我所遇到的人，都有胜过我的地方，我就学他那些好的地方。

——爱默生

第四节　快乐是嫉妒的良药

心情故事

乐观 VS 悲观？

小泽和小恩是同班同学，也是一对好哥们。

初二下学期刚开学时，小泽和小恩决定要一起努力学习，争取在新的学期能有新的进步，正像很多学生时期的好朋友会一起做的事。而新学期的第一次考试就是他俩准备在新学期打响的“第一枪”。

不幸的是，第一次考试下来，小泽和小恩却成了难兄难弟。因为虽有新学期的准备，但两人在这次考试中的成绩远没有达到自己预想的那样。两个难兄难弟的境遇相同，但对待这次预想之外结果的方式却是大相径庭。

小泽在看到这次可谓“失败”的结果之后，苦思良久，总结得出：“努力是没有用的，再怎么努力也超不过那些成绩好的，我就这样吧！”

小恩在体会到这次失利之后，也对自己进行了总结，并得出了与小泽截然相反的结果：“之所以失利，是因为自己的努力还不够，自己的对手也比想象中的强大，但是一次考试并不能说明我的全部实力，我必须在以后的学习中更加努力。”

两人之所以得出如此不同的总结，是因为两人看待事情的方式不一样。一个悲观失望，一个乐观积极。悲观失望者，会发现自己没有期望的那么厉害，可能从而嫉妒那些超过自己的人；乐观积极者，始终相信自己有实现目标的可能，对生活更加满足，更能够感受到生活中的快乐。正如一朵花美丽与否全在于你是如何看待它的，你的心情如果是灰色的，那么它也必定是黯然失色的。

改变了心态，生活才有所改变

一个女孩生活之地四处沙漠，天气热得让人受不了，身边之人也语言不通，她非常难过，写信给父母说要丢开一切回家去。她父亲的回信只有两行，这两行字却永远留在了她心中，完全改变了她的生活态度。这两行字是：

两个人从牢中的铁窗望出去，

一个人看到的是泥土，一个人却看到了星星。

女孩决定在沙漠中找到星星。她开始和当地人交朋友，研究沙漠植物和动物，这一切成了她一生中最有意义的“冒险”，她为发现新世界而兴奋不已，并为此写了一本书，主题就是“快乐的城堡”。所以，我们可以看到，当消极心态转化为积极心态后，我们的生活也会随之改变。

正所谓“心病还须心药医”，嫉妒心理是一种心病，快乐则是治疗嫉妒的一味“心药”。陷入嫉妒的人对生活不满意，并充满了各种担心和焦虑；而快乐则是对生活感到幸福和满足的心理状态，快乐者用乐观积极的态度面对生活，能忘掉心中的不快，能更宽容地看待不足和缺陷，从而消除嫉妒。所以，快乐是嫉妒的良药，我们应当学会用快乐来代替嫉妒，这样我们的生活才能更积极向上、健康快乐。

心理小百科

自积极心理学兴旺以来，人们对快乐的研究也越来越多。这些有意思的研究可以告诉我们快乐的意义所在。

研究一：快乐与长寿的关系

研究人员收集了180位圣母修道院修女在1932年入院时所写的个人简历，从中找出每位修女对生活的态度，有积极的，也有消极的。他们发现，对生活持最乐观态度的25%的修女中，有90%活到85岁以上。对比之下，只有34%对生活持最悲观态度的25%的修女活到这个年纪。到90岁的时候，最乐观的25%的修女中仍有54%活着。而最悲观的25%的修女只剩11%了。为进一步肯定快乐的情感对寿命的作用，研究者也研究了这些修女们宣泄她们不快乐的频率，她们对未来的期望，她们对宗教的献身态度和她们的智商，发现所有这些变量与长寿都没有相关性。研究者的结论是：快乐的修女是长寿的修女。

研究二：快乐与人生质量的关系

加州大学伯克利分校的两位教授Keltner和Harkor做了一个很有趣的实验。他们审视了1960年米尔学院毕业纪念册中四年级女生的照片。当然，在拍毕业照时，每个人都是笑容可掬的。可是心理学家仍可以辨认出这一笑容是真诚的，还是做作的。真诚的笑容是发自内心的微笑时，人的嘴角上翘，眼角出现皱纹。而产生这样的面部表情的肌肉是不受意志控制的，作不得假。做作的笑容则没有这样的特征。两位教授根据毕业纪念册上的照片把141名大学四年级女生分为“真诚组”和“做作组”，然后在她们27岁，43岁和52岁时测试她们对生活和婚姻的满意程度。研究的结果表明，“真诚组”的结婚率高，离婚率低，对婚姻和个人生活品质的满意程度也比“做作组”的女生高。

研究三：快乐有利于问题解决

使用心理学中有关创造性的著名实验：给被试一些图钉，一根蜡烛和一盒火柴，要求被试想出一个办法，把蜡烛固定在墙上而烛油不滴到地上。这一任务要求被试创造性地解决问题——将火柴盒倒空，用图钉把火柴盒钉在墙上作为烛台，然后将蜡烛竖立在火柴盒上。

实验证明，一般大学生不能想到这个解决问题的答案，除非研究者给他们一些暗示，比如把火柴盒倒空放在桌上。可是积极心理学的研究人员发现，如果事先对被试引入快乐积极的心态（如看一组幽默的漫画，或充满感情地大声诵读一组积极的正面的形容词），他们解决这一任务的可能性就有显著提高。

（引自 http://blog.sina.com.cn/s/blog_625c58e00100fzr6.html）

快乐对我们的寿命、人生质量和问题解决都有正向的影响。可见，积极的情绪（快乐）对我们的生活具有重要的意义。

那么，我们应当怎样运用快乐来消除嫉妒呢？

（一）善于从生活中寻找快乐

快乐是一种情绪心理，嫉妒也是。人们的情绪中，何种占据主导地位是由人来调整的。我们应当善于从生活中寻找快乐，用快乐来治疗嫉妒。如果一个人总是觉得比起别人的快乐，自己的一点小快乐根本算不上什么，那就很难从嫉妒的泥沼中走出来。

（二）每天快乐一点点

最近，网络上流行着一个励志公式：$1.01^{365}=37.8$，$0.99^{365}=0.03$。其中365是指一年中的365天，1代表每天的努力，1.01代表每天多努力0.01，0.99代表每天少做0.01。一年下来，每天多做一点就会得到37.8，每天少做一点就只能收获0.03，两者之间的差距让人非常震撼。此公式最早源于日本某小学贴的一张海报，是为了让孩子们懂得努力。

此公式在我们生活中的快乐情绪上也同样适用。每天快乐一点点，嫉妒就会离我们越来越远。

（三）快乐不是没有烦恼

物极必反，所以我们的生活不会全是烦恼、全是嫉妒，也不会全是快乐。获得快乐之后，并不意味着不会再有烦恼。所以，不必对生活中的烦恼感到懊恼，因为烦恼的出现意味着快乐就在不远处。

名言堂

每个人都是树上的一片叶子，而每一片叶子唯一的任务，就是做好体现它自己存在的这片叶子。

——卡斯特《羡慕与嫉妒：深层心理分析》

第五节 少钻“牛角尖”

心情故事

十万个“为什么”

王某，14岁，在××中学念初三，最近他的头脑中充满了“为什么”。

上学期期末作弊被抓是引发这种状况的重大事件。王某被抓后，老师在学校进行了通报批评，还将王某的家长请到了学校协助教育。

放假之后，这件事情一直萦绕在王某脑中：

“首先，那么多人作弊，小胖作得比我明显得多，为什么抓我不抓他呢？Why？

“其次，被老师通报批评，还请家长，让我以后怎么见人。为什么悲惨的总是我？Why？

“再次，我觉得我学习还是挺认真的，为什么我就沦落到考试要作弊的地步了呢？为什么我会去作弊呢？为什么我做出了如此不诚信的行为呢？Why？Why？

“还有，自从请家长后，我觉得妈妈对我的态度有了很大的改变，妈妈分明是更爱弟弟，不再爱我了。Why？

“Why？Why？Why？……”

钻牛角尖，比喻费力研究不值得研究或无法解释的问题。钻牛角尖的人，固执、古板、不以新眼光看问题。王某的各种叩问，分明就是在钻牛角尖。而从这些叩问中，也不难看出他嫉妒的成分。如：“为什么被抓的是我而不是小胖呢？”“妈妈为什么更爱弟弟呢？”

当然，钻牛角尖也不全是坏的，那些数学家、物理学家、化学家们，正因为喜欢钻牛角尖，去思考一般人认为没有必要思考的问题，才得出了一个又一个伟大的科学成就，促进着我们社会的进步。我们所指的嫉妒的牛角尖，主要是因为嫉妒者把目光放在了拿自己的不足与别人的优势相比较上，并且反复进行无用的思考来消耗自己的精力，而很少去想怎样来解决问题。

嫉妒的人，往往都爱钻牛角尖。有一首歌的歌词如此唱到：“女人在嫉妒中没有解药，牛角尖越钻越深不屈不挠……”虽然唱的是女性，可在生活中，嫉妒的牛角尖却是没有性别、年龄、种族的差异。牛角尖进去容易出来难。总是纠结在别人为什么比我好，别人为什么更优秀等上面，最终，不仅自己不能进步，还像钻洞的老鼠一样，钻进牛角尖而活活“闷死”了。所以，就嫉妒来说，我们应该少钻牛角尖。

心理小百科

怎样通过少钻牛角尖来减少嫉妒呢？

（一）全面地看待问题

青少年时期的个性发展不健全，使我们看待问题具有片面性。因此，我们要时刻提醒自己用全面的眼光来看待问题。我们可以尝试着多从几个不同的角度看待同样的问题；试着从别人的角度来想想发生的事情；或者就这样告诉自己，祸兮福所倚，福兮祸所伏，凡事有好有坏；再或者，遇到这种情况，心生嫉妒、钻牛角尖时，向亲近的朋友、信任的师长请教。这些，都是增加我们的认识，全面看待问题的办法。

故事小贴士

尝试全面看待问题的王某

在一次心理健康课上，老师正好在讲因嫉妒而钻牛角尖的问题，让王某一下想到了自己。老师提醒大家要以全面的眼光来看待问题，不要像小老鼠一样，钻进牛角却不知道转弯。

下课后，王某决定“转个弯”来看待自己脑袋里的各种疑问，没想到，这次真的豁然开朗了。

王某不再嫉妒没被抓住的小胖了，因为他明白了作弊本来就是不对的行为，不管有没有被抓。他甚至庆幸自己被抓，正是因为这样深刻的教训，才深深地记住了自己的过错，明白了要想取得好成绩就必须脚踏实地。王某甚至理解了妈妈的冷淡，毕竟自己犯了这么大一个错误，妈妈多多少少会有点生气的。

这样一一想来，王某解决了脑中的很多疑问，也看明白了自己的错误。

（二）为他人喝彩

无论在哪一个领域，总是“人外有人，天外有天”。强者总会被人超过，弱者也终有迎头赶上的那一天。不要一味地因他人的成功而反复抱怨上天的不公和责怪自己的无能，不要浪费我们并不长久的人生。为他人喝彩，也未必说明你就是弱者。2001年8月，在北京“大运会”的开幕式上，法国体育代表团的运动员，在经过主席台时举起一条横幅，上面用中文写着“法国代表团祝贺北京2008年奥运会申办成功”。在巴黎竞争申办奥运会输给北京的情况下，法国代表团为竞争对手喝彩之举，无疑赢得了世界的掌声和喝彩。所以，在你表达欣赏、付出赞美时，也是完善自我，收获友谊的时候，不仅无损自尊，还可以矫正自己的狭隘与嫉妒心理。学会放开心胸，为他人的成就喝彩，对自己有利而无害。

（三）找到自己的位置

美国最为著名的存在分析心理学家，被称作“美国存在心理学之父”的罗洛·梅认为，人和其他生物不同，其他生物是靠自然条件成长的，人却是靠自己的选择才能成其为人。一粒橡树种子一旦落地生根，只要生长环境适当，它就自然会长成一棵橡树。人的成长却并非如此，人要成为一个什么样的人，不是靠自然条件，而是靠自己的选择。个人只有根据自己的条件，自由地做出选择，才能让潜能充分发挥出来。正因如此，在人的世界中，即使环境相似，人也是千差万别的。所谓“一样水养百样人”，只有选择得当，才能尽如人意。

找到自己的位置

迈克从小脑子就有些笨，别人说什么，他总是要好一会儿才能理解。但是他的母亲希望他可以好好读书，将来能有出息。然而，在求学的路上，迈克却一直遭遇失败与打击，他的学习一塌糊涂，成绩不是D就是E。校长还曾经对他的母亲说：“迈克恐怕不适合读书，他的理解能力实在太差了。”听见校长这么说，母亲非常的伤心，她带着迈克回家，决定要靠自己的力量，好好地培养他成材。但是不管母子俩怎么努力，对于读书迈克实在有心无力。

一天，读得心烦的迈克路过一家正在装修的超市，发现有人正在超市门前雕刻一件艺术品。迈克看得出神，停下脚步用心地观赏着，且产生了无比的兴趣。此后，迈克只要看到一些木头或石头，便会认真而仔细地按照自己的想法去打磨、塑造，他想，也许他不适合动脑，但是擅长动手，他的优势总有一天会在手中的刻刀上表现出来的。这件事情被母亲发现后，母亲大发雷霆，自己含辛茹苦，心心念念他可以读书成器，而他却玩性不改。后来迈克确实没有收到大学的录取通知书，他的母亲非常无奈：“你已经长大了，到了你该自己为自己的人生负责的时候了，我不会管你的事情了。”

他知道他让母亲失望了，但是他知道了自己究竟应该走哪条路。

多年以后，有座城市为了纪念一位名人，决定在市政府前的广场上仿制名人的雕像，当地的雕塑师纷纷献上自己的作品，希望自己的大名也能与这位名人联系在一起。但最后却是一位远道而来的雕塑师胜出。在落成仪式上，这位雕塑大师发表了讲话："我想把这件雕塑作品献给我的母亲。我读书时无法实现她的期望，但是我想告诉她，虽然大学里没有我的位置，可是，现在我总算找到了一个位置，一个属于自己的位置。母亲，今天的我绝对不会让您失望了。"

原来那个人是迈克，而站立在人群中的母亲，更是喜极而泣。

我们每个人都有很多缺点，但这并不意味着我们就是生活中的弱者。"三人行，必有我师焉"，他人必定有长于我们之处，但也并不意味着他们就是生活中的强者。古人说得好："骏马能历险，犁田不如牛；坚车能载重，渡河不如舟。"所以罗洛·梅说，只要找到自己的位置，也就能找到"人之所以存在"的意义。换句话说，这对我们的启发是：不用总盯着别人的长处，也不用老用自己的短处和别人的长处相比，不要去放大别人优于我们的能力，忽略了自己的长处和优点，而钻进了牛角尖。不必嫉妒不如别人的才干，只要找到自己的位置，你就是独特的存在，也许，会换成别人来"仰望"你。

名言堂

要散布阳光到别人心里，先得自己心里有阳光。

——罗曼·罗兰

第六节　他人嫉妒我

——一笑置之

心情故事

萌萌的心事

初一(1)班的班主任刘老师发现，班级中原本十分活跃的萌萌同学最近变得沉默寡言了。

这天，刘老师找来了萌萌谈话。

刘：萌萌，老师一直很喜欢你，成绩好，表现好，上课也特别爱发言。可最近，老师总看见你上课低着个脑袋，不发言了，好像有想不完的事情。

萌：嗯。

刘：老师看得出来你有心事。其实，老师就是你的朋友，有什么事尽管跟老师说，老师保证会保密的。

萌：真的吗？

刘：我保证。

萌：我最近在想，是不是真的是我的错。因为，我很多次上课主动发言后，就听见旁边同学讽刺地说"好厉害呀，这个都懂"，或者"看吧，又在老师面前表现了"，又或者"至于每堂课都发言吗？我也知道答案，但是我就不愿回答"之类的话。我想他们可能是在嫉妒我，为了不让他们嫉妒，我在考虑以后要不就不发言了。

刘：你说得对，这些话语中是有嫉妒的成分。但是，你希望一直都不发言吗？

萌：不。我挺喜欢在课堂上说出自己的想法的。

刘：嗯。还记得老师讲过的"柏拉图的椅子"的故事吗？柏拉图用抹布擦去了椅子上的尘土，却用智慧擦去了朋友心中的嫉妒。这样吧，老师也教你几招应对他人嫉妒的方式好吗？

萌：好啊！好啊！

那么，刘老师给了萌萌哪些建议呢？下面，我们就一起来看看。

心理小百科

擦去自己的嫉妒的同时，如何擦去他人对自己的嫉妒。

（一）不要骄傲，适当示弱

萌萌回去以后，没有像之前那么闷闷不乐了，依然会在课堂上发言，只是发言的频率远远不及以前。对背后说自己闲话的同学，她也与之友好相处。

萌萌没那么高的发言频率，他们也自然不再多说什么。

（二）让对方知道自己背后的付出

现在萌萌跟班级的同学相处得很友好，那些曾经嫉妒她的同学也会跟她一起玩，一起放学回家了。只是偶尔还是会听到一句：“萌萌，你成绩真好，要是我也有你那么好就好了。”

这时萌萌想，实践第二条建议的机会来了。于是萌萌对同学说："其实事实不像你们表面看到的那样，我虽然现在成绩比你们好一点点，但是我背后多付出了很多努力哦。我知道你们是回家做了家庭作业就看电视，而我，每天除了家庭作业还有'雷打不动'的两小时习题，妈妈要求做的。"

同学们都说："难怪你成绩那么好，真辛苦！"

（三）远离嫉妒者

并不是所有的嫉妒者萌萌都解决了，坐在萌萌前排的女生还是会在萌萌发言之后说："有什么了不起啊！"

萌萌想起刘老师教给自己的第三招——远离嫉妒者。"远离"在一定程度上可以使自己不在嫉妒者的注意范围内，也可以使自己不易注意到嫉妒者。同时，"远离"既指空间上的远离，也指心理上的"远离"。当身边的嫉妒者不容易在空间上远离时，就在心理上远离他，也就是尽量不去在乎对方的那些言行，降低他人的嫉妒对自己所产生的影响。

所以，两天后，萌萌换了座位，"远离"了这位爱嫉妒的同学。如果这位女生对萌萌再有非议，萌萌就可以对自己说："我何必过分在意她的评价呢？何必在乎她说的话呢？别人要怎么说，我无法控制，做好自己最重要！"

（四）帮助他人，收获尊重

萌萌想起刘老师说过，人际交往中有一个法则——你对我好，我也对你好；你对我坏，我也对你坏。简而言之，你付出了什么，就会收获什么。如果我们在生活和学习中更主动地去帮助别人，付出的是善意、真诚，那么，收获的就是钦佩和尊重，别人也会羞于、难于对你生出嫉妒之心了。

想到这里，萌萌很自然地想到了"梁人种瓜"的故事。

故事小贴士

梁人种瓜

——收获嫉妒者的尊重

战国时，梁人与相邻的楚人都擅长种瓜，梁人勤劳肯干，瓜长得又大又圆；楚人懒而贪，瓜长得又小又瘪。楚人遂生妒忌之心，夜里偷偷地到梁人这边来使坏，掐断瓜藤。梁人发现后，非但没有以牙还牙，还在夜里偷偷地去给楚人浇水。结果没多久，楚人的瓜也长得很旺。

这样一来，没有了差异，楚人就没有了嫉妒的理由，甚至深深地为自己的嫉妒行为感到羞愧，并由衷地佩服和尊重梁人的心胸与品格。

这个小故事给我们的启示是：我们可以通过主动帮助他人、“以德报怨”等方式，收获嫉妒者的钦佩与尊重，从而减少嫉妒。

萌萌决定试一试这种做法。在学习中，她更主动地去帮助身边的同学，更耐心地去给大家讲解一些难题。日子久了，萌萌发现，讽刺自己的人真的越来越少了，并且自己和同学们的关系也越来越和谐了！

（五）一笑置之

想到这一条的时候，萌萌会心地笑了。心想：“是啊，别人嫉妒自己，那是别人的事，我还得实实在在地做我自己。别人可以选择嫉妒，我有权选择好好学习。更何况，对方嫉妒我，也就是变相地肯定了我的努力，其实是在颂扬我呢。”

只是，萌萌更希望那些嫉妒者也不要再遭受嫉妒之苦了。她相信，微笑是可以化解心中不快的。所以她在生活中总是带着笑脸，向身边的每一个人微笑。

名言堂

嫉妒我的人在不知不觉中颂扬了我。

——纪伯伦

心灵感悟

先贤孔子说："三人行，必有我师焉。"意思是别人总有长于自己可为吾师的地方。所以，如果我们总是去嫉妒别人比我们好的地方，那岂不是一辈子都生活在痛苦、愤怒、不甘等复杂的不良情绪中，把自己搞得一团糟。正视别人的长处和正视自己的短处一样重要。此外，在生活中，我们是更愿意和爱嫉妒的人相处，还是同宽容快乐的人相处呢？笔者认为答案不言而喻。和宽容快乐、充满善意微笑的人在一起，我们也能感到快乐，使人情不自禁地愿意接近他们，围绕在他们周围。

如何获得更多的快乐

懂得以下八条秘诀，也许你会更快乐：

1. 没有人是完美的。必须承认自己的弱点，并乐意去接受别人的建议、帮助和忠告，只要你勇于承认自己需要帮助，成功必然在望。

2. 从挫折中吸取教训。在面对失败或挫折时所抱的态度应该是从中吸取经验，继续努力。

3. 生活必须诚实和富有正义感，这样才能吸引好朋友来帮助你。

4. 能屈能伸。无论在顺境或逆境之中，我们的生活态度都应该是泰然处之。有了错误，立即改正。

5. 热心帮助别人。如果要真正快乐，自己受人尊敬，则应该帮助别人，与别人关系融洽。

6. 要人待你好，你必须先对他人好。当你受到不平等待遇时，你必须宽恕和同情他人。

7. 坚守信念。当你做任何事时，必须坚持个人的信念。

8. 快乐永存心间。只要时常保持心境开朗，快乐是很难舍弃你的。

（引自：舒勒《快乐的态度》）

第四章　涅槃重生

我们懂得了嫉妒不完全是个坏东西。有时候，嫉妒像一个指向标，用它独有的方式告诉我们，自己身上还有哪些薄弱之处；有时候，嫉妒像一个警钟，告诫我们还需要继续加把劲。

所以，面对嫉妒，无须恐惧和惊慌，我们需要做的是看清嫉妒背后的根源，借用“嫉妒体验”这个跳板，做一个更好的自己！

- 有自知之明，接受自我的局限
- 寻找自己的闪光点
- 视“嫉妒”为自我成长的契机
- 建立理想和规划
- 选择性地对比和嫉妒
- 用行动，见证成长
- 嫉妒，再见

第一节　自己也有闪光点

心情故事

嫉妒的班长

小王从小当班干部，各方面能力都很突出，一直是老师的得力助手。升入初中后，经过激烈的竞选，小王成功当选了班长。不久之后，她注意到班上的女生在紧张的学习之余都开始学着打扮自己了，不禁让她也蠢蠢欲动。然而，小王“底子”不太好，身材有些矮有些胖，脸上还长着许多不合时宜的雀斑，看到班上的那些“窈窕淑女”，小王的心里特不是滋味。

更令人郁闷的是，偏偏小王的宿舍中，就有一位“窈窕淑女”——小肖。小肖的学习没有小王好，人却长得十分漂亮，再加上性格文静随和，在班里备受男生的瞩目。小王对小肖从起初的羡慕，慢慢发展成嫉妒，继而千方百计地暗地里排斥她。

久而久之，小肖和其他舍友对小王的不满越来越多，她在宿舍和班级中再也没了以前的威信。小王还为了能像小肖那样苗条，开始控制食量、吃减肥药，最终因为营养不良，学习成绩不断下降，连班长之位也只能暂时让贤……

从这个故事中，我们看到，我们似乎总是在与别人的比较中关注自己的缺点，从而产生嫉妒，甚至产生负面行为，而往往忽略了自己本身的优势和长处，忘了自己也有吸引别人的闪光点，最终，失去了“自我”。

心理小百科

嫉妒，多起源于对比。

实际上，单纯的对比并不会给我们带来过多的困扰，因为对比结果大致都是“比上不足，比下有余”，谁也不是各方面都一枝独秀。关键是我们有一个不好的认知习惯——面前同时呈现消极和积极的讯息时，大脑总是更容易注意到消极的东西，就像是一张有黑点的白纸，第一眼望去，看到的总是那个醒目的黑点。因此，我们的目光总爱盯着“比上不足”的部分，而忽略了自己身上也有很多的闪光点。

那么，我们应该如何在看到黑点的同时，也注意到背后的白纸呢？

（一）发掘自己的优点

还记得田忌赛马的典故吗？古时，田忌与齐威王赛马，上马对上马，中马对中马，下马对下马，均输。后来，田忌听了孙膑的建议，第一场，以下等马对齐威王的上等马，输；第二场，以上等马对齐威王的中等马，胜；第三局，拿中等马对齐威王的下等马，又胜。这是一个典型的善于发掘和利用自身长处的例子。

正所谓，“金无足赤，人无完人”。每个人身上都是优点和缺点并存，嫉妒的时候往往是我们以自己的劣势衡量别人的优势，而摆脱嫉妒魔咒的方法就是挖掘出自己的优势，看看自己已经拥有了哪些东西。

发掘优点的方法有很多种，比如自我分析、他人评价、询问朋友或父母。当我们意识到自己有不少优点的时候，面对别人的优点或成功，心情也就能够更坦然一些了。但发掘优点的过程一定要保持客观——对自己客观，防止过分夸张和美化导致不切实际的自负；对别人客观，正视他人的成功以及背后的努力和付出。

故事小贴士

孔雀和天后

美丽的孔雀对掌管生灵的天后诉苦，说大家都爱听夜莺的歌声，而自己一开口，声音是如此嘶哑，每每被人当作笑柄。天后安慰它说："你是森林里最美丽的鸟儿，你的项间有翡翠一样的光辉，你的翅膀点缀着华丽无比的羽毛，放眼整个森林，没有谁的美丽可以与你相提并论。"孔雀听了，依然不情愿："我虽然美丽，但我的歌声不是最动听的，这种哑口的美丽，对我有什么用呢？"天后回答说："每样东西，命运之神都派定了命运——派定你的是魅力，老鹰的是力量，夜莺的是歌唱，喜鹊的是喜兆，乌鸦的是凶征。其他鸟类，对于赋予它们的命运都很满意，而从不奢求别人拥有的东西。对于无法改变的现实，你与其抱怨，不如面对，好好发挥你的长处，也许别人都在羡慕你的美丽呢！"

（出自：《伊索寓言》）

（二）接受自我的局限

一个人感到嫉妒，大多是和自己在生活中的某种"缺失"有关。譬如，矮个儿嫉妒高个儿，胖子嫉妒瘦子，难看的嫉妒好看的。世界上不存在完美的人，我们总能从自己身上找到一些缺点和不足，对于这些"缺失"，我们首先要看能否通过后天的努力或其他方面的发展来弥补。如果答案是"可以"，那咱们就二话不说奋起直追，努力补上这份"缺失"；如果答案是"不可以"，那我们就需要了解，这份"缺失"是客观存在、无法更改的，它是自我的一部分，我们需要接受它、悦纳它。所以，下次再为自己的小缺点而烦恼时，请记得叮嘱自己："虽然有一点点小瑕疵，但这就是我！"

故事小贴士

优缺点列表

小王和舍友的关系搞僵了，连班长也当不下去了，郁闷之极的她来到了学校的心理咨询室，那位和蔼的老师听小王讲述了前前后后所发生的事情，给她布置了一个奇怪的作业——一张优缺点列表，回去后找出自己的优点和缺点，均不少于五个。

冥思苦想一番之后，小王在优缺点列表中填写了以下的内容：

优点	缺点
(1) 学习成绩还可以； (2) 组织能力强； (3) 孝顺父母； (4) 擅长演讲； (5) 性格外向。	(1) 个子矮； (2) 胖； (3) 长得不好看； (4) 学习成绩下降； (5) 太要强。

第二次的咨询，小王带着自己的优缺点列表忐忑不安地见了咨询老师。老师笑眯眯地看着她，对她说："闭上眼，感受一下自己的优点，嫉妒的感觉是不是不那么强烈了？"

小王点点头，说："别人有他们的长处，我也有自己的优点，我不应该只盯着别人的优点看，而忽略了自己的那份。"

咨询老师又问："你再看看你的缺点，哪些是可以改正的？哪些是不能改正的？"

小王沉思半晌，说："个子矮应该不会改变了，样貌和胖很难改变，但也许我可以通过注重自己的着装、搭配提升一下个人形象；学习成绩我可以通过努力提升上去；要强嘛，是我的性格，也很难改变，因为这就是我，但我会控制一下程度，不会再发生这样的事情了。"

（三）做自己擅长的事情

嫉妒的时候，我们感受到了一种“比不上别人”的失落。其实，这种失落感人人都会有，毕竟我们不是超人，不可能事事精通、样样全能，与其一味地沉沦在“我在这方面不如你”的情绪泥潭中，不如跳出来，投身做一两件自己擅长的事情，既提高、充实了自我，又能找到对抗嫉妒的自信心。

并且，忙碌本身也是一味“解毒剂”，当我们全身心地做一件事情的时候，注意力和精力都会随之转移。我们都知道，人脑中的精神资源是有限的，你把这份资源分配到了自己当下从事的活动中，对沮丧感、失落感的关注便少了，嫉妒心自然就慢慢消退了。

故事小贴士

做自己，不嫉妒！

咨询过后，小王明白了，谁都不是全才，不可能样样拔得头筹，自己也许在外貌上不占优势，但自己也有令别人羡慕的优势和强项，而自己现在应该做的，就是重拾自己的强项，重建自信心。

她听从了咨询老师的建议，恢复了正常的饮食，定期进行体育锻炼，再也不盲目地减肥了。

学习上，她虚心请教老师和同学，补上了自己前期落下的功课，成绩也一节一节提上来了。她也能够客观地看待小肖和身边的同学了，通过与舍友的沟通，宿舍里恢复了原来的融洽和亲密。小王也开始以新的姿态参与到班级活动中，不久之后，她又重新担任了班长。

心理测试

弗洛伊德认为，你对别的人或事的猜测或想象，可能也就是你自己内心的想法。

这是一个有关“潜能”的测验。我们的缺点总是很容易被人发现，但是我们的潜能却不是那么容易被发掘的。弗洛伊德则想出了这种“自由联想”的方法来探究未知的我们。

看着右面的图，回答下列各题。

1．河上有两艘船，船向着桥洞驶去，你认为船会（　　）

A．通过桥下继续前进　　B．碰到桥

C．回头

2．请注意隧道。路上有一辆汽车，你觉着这辆车是要驶入隧道，还是刚从隧道驶出？（　　）

A．刚驶出隧道

B．正要驶入隧道

C．不知道

3．桥上站着一个女孩，你觉得桥上的女孩正在（　　）

A．眺望美丽的风景

B．正在想水有多深

C．正在寻找迷路的朋友

4．从女孩的后面看去，有一座大山。看见大山，你想说的一句话是（　　）

A．“好壮观的山啊！”　　B．“看起来很像一张人脸。”

C．“看起来很像一个人的背影。”

5．如果要你为这个地方取个名字，你想取个什么样的名字？（　　）

A．迷失之乡　　B．梦幻之乡　　C．恶魔之乡

6．在整幅画中，你对下面的哪一样，印象最深刻？（　　）

A．桥上的女人　　B．远景的山　　C．两艘船

计分方法如下：

第1题：A 1分　　B 3分　　C 5分

第2题：A 1分　　B 3分　　C 5分

第3题：A 5分　　B 1分　　C 3分

第4题：A 1分　　B 3分　　C 5分

第5题：A 3分　　B 5分　　C 1分

第6题：A 1分　　B 3分　　C 5分

分析：

6～11分：A型，你有很强的领导潜能。在突发情况下，你不会失去判断力和勇气，因此周围的人都愿意相信你，有很强的吸引力。越是给你重要的任务，你越是能够发挥实力。如果你现在并不是很突出的人，或者比较腼腆，在以后的学习生活中，你就需要珍视自己这方面的潜力，加强自己的自信心，夯实起有力的信念和力量，积极地发挥自己的这一才能。

12～17分：B型，你的行动力强，是一个重在行动的人。你遇到事情，不会去挖空心思制订出五花八门的计划，而是立刻行动起来。不过你比较急躁，总是希望做了什么之后，能够很快看到结果。你有强烈的锐气和闯劲，再艰难的任务，你只要做，就能不惜时间和精力地投入。你会是个不怕挑战的人。

18～23分：C型，你具有杰出的判断能力，你会时刻保持头脑清晰，对事物做出详细的分析。因为你具备这种判断和分析能力，所以你在管理、研究、分析等方面都具有优势。如果你能充分发挥自己的优势，就会获得他人的好评和尊重。

24～30分：D型，你具有较强的幻想力和创造性，灵活性强。你在行为上偏重跟着自己的感觉走。你需要的是学习上的知音，他们的协助对于你非常必要。有的时候，你也具有非凡的灵感力，能够很顺畅地发挥出独创性。

名言堂

我们生命的过程，就是做自己，成为自己的过程。

——罗杰斯

第二节 “好好”嫉妒，自我成长

心情故事

从“最优生”到“中等生”的落差

李牧是镇子上唯一考入重点中学的孩子，在家人和邻居的称赞声中，他带着满腔的豪情壮志走入了重点中学的大门。

但入学不久，李牧就发现，预期和现实之间的落差是巨大的——在镇子的学校里，他每次都是第一名，老师们都把他的卷子、作文、作业本当作模板在同学之间传阅；而在这所新的学校，他拼命地学习，在班里的成绩排名也只是中等水平。以前，学校里所有的老师都认识他，见到他也会热心地询问他的学习情况，像朋友一样聊上几句；在这里，入学两个多月了，没有一个任课老师记住了“李牧”这个名字。从前，李牧在课堂上是最爱踊跃发言的人，他总能迅速准确地说出正确答案；现在，他突然变成了哑巴，因为其他同学的普通话和英语口语都比自己好上一大截儿……

李牧在自己的日记本中写道：“在新的学校，我很不快乐，我嫉妒身边的同学，他们从小受到了更好的教育，他们那么自信开朗，而我，就像是窝在角落里的一只小丑鱼……”

心理小百科

黑格尔说:“存在即合理。”每一种情感在我们的精神家园中都有其独特的作用和意义。那么,讨人嫌的嫉妒有什么意义呢?

嫉妒别人，是因为他们的所有、所能、所是和所得，我们十分向往却又不能得到。换句话说,嫉妒在传达着一种讯息:我们对自己已经有些不满了。这个时候的嫉妒，不仅削弱着我们的自我价值感，更让我们意识到现实和理想之间存在落差，那个臆想中的自己并非那么完美和强大。嫉妒的存在，迫使我们追问自己:“我可以像他那样吗?我能做到吗?”

因此，要改变嫉妒，要么逼自己就范，承认自己不如别人，并安于现状、适应现实;要么,逼自己“雄起”,在生活中加倍地努力,提升核心竞争力,去改变现实。

（一）嫉妒，我的风向标

嫉妒情绪出现的时候，我们大可不必像畏惧“洪水猛兽”那般害怕嫉妒，而是冷静下来，客观地分析嫉妒背后的深层原因。这个时候，嫉妒情绪就变成了一种风向标，指向我们身上存在的弱点，指向我们不如别人的地方。

借着嫉妒提供的契机，我们可以更快地寻找到自己有哪些地方还有提高的潜力。因此，只要建设性地应对嫉妒，我们就可以把这一种坏情绪，演变出好的“果子”来。

（二）从嫉妒中寻找动力

有人曾开玩笑说：“有嫉妒，说明你是有进取心、有竞争意识的人。”

嫉妒与竞争虽然是两个不同的概念，但两者有一个共同之处，那就是不甘落后，不愿被同层次的人胜过自己，这就为嫉妒心理转化为竞争意识提供了可能性。

嫉妒带来的危机感可以最大限度地激发我们的竞争心，引发出积极向上的力量，促使我们去改造外部的社会条件，改变自我，争取更大、更多的进步。所以说，与其坐而嫉妒，莫若起而行动；与其临渊羡鱼，不如退而结网。

（三）制订计划和目标

当我们成功地从嫉妒心理中找寻到动力时，下一步就是制订计划和目标，化动力为行动，通过正当途径，努力尝试去获得你想要的东西。

也许在行动的一开始，我们觉得自己奋起直追的每一小步都离目标遥遥无期，但走好每一小步，最后你将会有很大的收获。因为当你更注重奋斗的过程之时，你将会了解别人如何取得你所想要的成就。你会寻找到取得此成就的诀窍，从而你离成功就更近一步了。

如何制订有效的目标？

目标是一个你看不见的靶子。一个目标应该具备以下五个特征才可以说是完整有效的。

1.具体的

有人曾经做过一个试验，他把人分成两组去跳高。两组人一起跳过了1米，他对第一组说："你们能够跳过1.2米。"他对第二组说："你们能够跳得更高。"练习后，第一组都跳过1.2米，而第二组中只有少数人跳过了1.2米。

2.可衡量的

任何一个目标都应有可以用来衡量其完成情况的标准，你的标准越明确，就能提供给你越多的指引。

3.可达到的

有一个经典的套圈游戏。在房间一边钉上木棒，要求将绳圈套到木棒上，离木棒的距离可以自己选择。站得近的人很容易就把绳圈套在木棒上，很快就觉得没有意思了；站得太远，总是套不进去，很快就泄气了；少数人站的距离恰到好处，不但使游戏具有挑战性，而且他们也很有成就感。

当目标是可达到又具有一定挑战性的时候，才能激发最多的动力。

4. 相关的

目标的制订应考虑和自己的生活、工作有一定的相关性。比如一个学生，整天考虑的不是怎样才能更有效率地学习，而是一心做着明星梦，又不肯为之努力奋斗，在一天天的消耗中丧失学习的能力，也会在现实中越发远离自己的梦想。

5. 基于时间的

任何一个目标的设定都应该考虑时间的限定，比如你说：“我一定努力让自己在班里的名次前进十名。”目标应该很明确了，只是不知是在一年内完成，还是十年后才完成。

（四）自己和自己比较

对比有两种，一种是横向的，一种是纵向的。横向对比是和周围的人进行比较，它可以给人带来自信，也可以给人带来自卑；而纵向比较是把自己的现在和以前进行对比，它可以使我们看到自己的成长。

人们喜欢在自己和他人之间进行横向对比，这种比较是确定参考坐标，找出差距以便改进和增加前行的动力。但有时过分专注于横向对比会有意无意地沦为外在成就的比较，容易滋生出嫉妒心理。那怎么才能克服横向对比的弊端呢？答案就是不要总是比较他人，把注意力放到自己身上——多来些纵向对比吧！

审视自己的过去和现在，你能更好地认识自己的成长历程、优势和差距，更积极地评估自己的付出和所得，这将使你更加理智和成熟。当你不再与他人比较时，也就不会为计较得失而妒火中烧了。

故事小贴士

纵向的成长

李牧经历了入学之初的痛苦之后，开始客观地审视自己的现状——自己的学习能力和以前是没有差别的，学习成绩相较于之前也并没有落后多少，只是身边的同学太强悍，就显得自己有些弱小，才会在心理上有那么大的落差感。普通话和英语嘛，的确是自己的软肋，而这个软肋也确实在阻碍着自己的发展。

在了解了自己嫉妒情绪的来源之后，李牧给自己定了两个目标——第一，苦练普通话和英语；第二，把比较的对象慢慢转移，多和自己比较，而不仅仅是和身边的同学比较。

一个月之后，李牧的努力有了成果，虽然普通话和英语还比不上基础好的其他同学，但是他已经赶上了平均水平，在课堂上的自信心也一点点回来了，也敢于举手回答老师的问题了。

至于学习成绩，虽然排名上只有微小的上升，但李牧很高兴，他看到自己的努力有了成果。他了解到，因为别人与自己同时都在努力，虽然表面上和别人比起来，他的进步并不大，但他清楚地知道，和一个月前的自己比，他更自信、更坚强，也更优秀了。

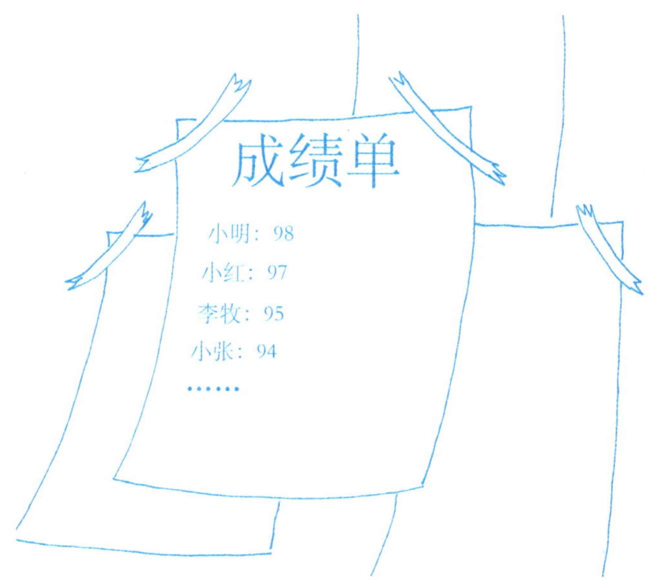

名言堂

任何一个人，只要他有改善现状的愿望和不愿输给别人的思想，在他一生中嫉妒就会不断发生。

——诧摩武俊

第三节　我想要什么

心情故事

老张的一生

当老张还是小张的时候，争强好胜，看到别人比自己强的地方，就一定要想办法超越对方！

小张看到小A的学习成绩不错，就拼命学习，终于在下次考试中超过了小A！

小张看到小B画画不错，就央求父母也让他去上美术兴趣班，学了几星期，画画的技术不赖，不输给小B。

小张看到小 C 跑步很快，心里也不服气，每天都到操场上狂奔几圈，在体育课上和小 C 也是不分伯仲。

小张看到小 D 唱歌很好听，课下追着音乐老师跑，让他教自己识乐谱和练发声，一定要超过小 D 的歌喉！

……

就这样，小张和小A他们都长大了。小A一直专心攻读，成了大学教授；小B将绘画当成了终生的事业，成了小有名气的画家；小C肯吃苦，在运动场上一直坚持，得了一项全国短跑冠军；小D一直热爱唱歌，长大后参加了一个歌唱的比赛，一举成名……而小张，这也会点儿，那也会点儿，却样样不精通，到最后，只是做了一个普通得不能再普通的小员工。

当小张变成老张，再到了风烛残年之时，他回望了自己的整个人生，这个时候才幡然悔悟，自己败在"嫉妒心"三个字上，看不得别人比自己好，一直追着别人跑，却忽略了自己是谁，自己想要什么，自己的梦想是什么。

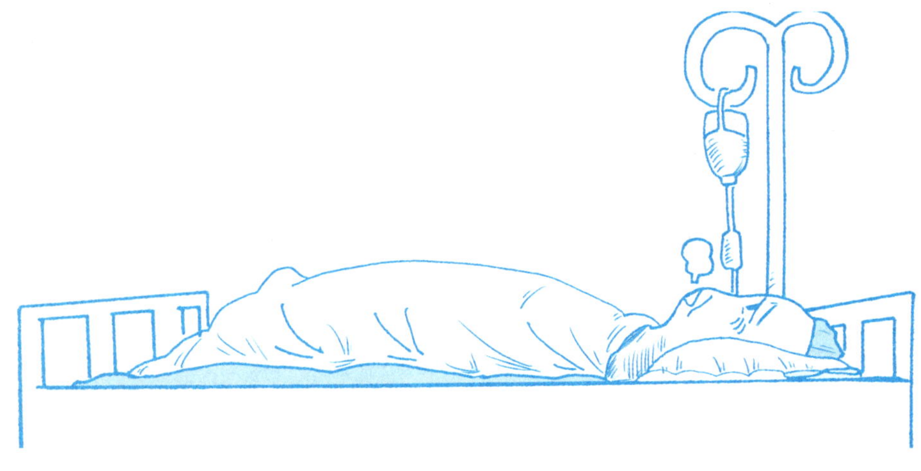

心理小百科

嫉妒是一种被困在当下的情绪。这种当下的情绪，经常会蒙住我们的眼睛，挡住我们的视线，让我们沉迷在眼前的不愉快中，而忽略了自己的真实理想。

心理学家荣格曾说过，每一个人终生都在努力成为他最终能够成为的人，都在寻找真实的自己。这绝不是说他想成为另一个人，而是相反，他要探明自己到底是谁。

在这条"自我实现"的路上，嫉妒心是一个恼人的障碍，它很可能把我们的目光引向别处。试想一下，当我们流着口水对别人表示羡慕嫉妒恨的时候，哪里还记得自己正在追求什么呢？

请记住，嫉妒袭来时，别被它冲昏了头脑，我们需要知道，自己最想要的是什么，自己追求的是什么。

（一）确定理想和规划

理想是自己所追求的目标，是我要什么；规划是达到理想的过程和行动方案，是我要怎么做。知道自己要什么，追求什么，关键就在于认识自我，我到底想成为什么样的人。我们每个人都应该问自己几个问题："我是谁？""我从哪里来？""要到哪里去呢？"认识自我是我们一生中都需要做的事情。我们感知到自己的存在，知道自己的样子，明白自己的喜怒哀乐；我们知道自己的名字、性别、个性，能够主动学习科学文化知识，能够为自己的理想奋斗。但很多时候，有人会对遥远的未来感到迷茫，觉得不清楚自己想成为什么样的人。那在最近的时空，一定有你认同的对象，你崇拜的偶像，你敬重的榜样，你会以他们为"理想的我"进行模仿和学习。在成长过程中，你会慢慢认识自己，开始关注"我是谁""过去的我"和"未来的我"，探索"我要成为谁"，于是，我们就会产生理想，并为理想制订规划。比如说，我们要知道自己的优缺点，扬长避短，培养自己的优良品德；我们要知道自己的记忆、智力和性格的特点，采用合适的方法提高自己的能力；我们要知道自己喜欢什么、能做什么，才能给自己树立目标，并为之付出努力。

故事小贴士

把一张纸折叠51次

想象一下，你手里有一张足够大的白纸。现在，你的任务是，把它折叠51次。那么，它有多高？

一个冰箱？一层楼？或者一栋摩天大厦那么高？

不是，差太多了，这个厚度超过了地球和太阳之间的距离。

这个问题问过许多人，只有极少数的人说，这可能是一个想象不到的高度，而其他人想到的最高的高度也就是一栋摩天大厦那么高。

折叠51次的高度如此恐怖，但如果仅仅是将51张白纸叠在一起呢？

这个对比会让不少人感到震撼。

没有方向、缺乏规划的生活，就像是将51张白纸简单叠在一起。今天做做这个，明天做做那个，每次努力之间并没有联系。这样一来，就像是故事中的老张，哪怕每个方面都做得挺出色，但它们对他的整个人生来说也不过是简单的叠加而已。

当然，实际的人生要比叠加白纸复杂许多，但一个人如果认定一个梦想，确定一个规划，并坚定不移地走下去，他也许在最后会达到别人不可企及的高度。所以，与其嫉妒别人，羡慕那些你尚不具备的能力，不如通过规划，利用好现有的能力。

（二）取舍有道，选择性对比

正如我们前面所说，你找到了自己想要什么，给自己制订了理想和规划，你想要朝着这个目标坚定不移地走下去。但这个时候，你还是发现，你无法屏蔽所有的嫉妒源头，你克制不住想要和别人对比的念头。

的确，对比似乎是我们的一种本能，很少有人能信誓旦旦地说自己不受其他人的影响。也许我们无法完全消除对比，但我们至少可以“有取有舍”地对比——找出你最在乎的领域和特质，把自己和其中的佼佼者进行对比和衡量；其他与你个人理想的达成相关不大的领域和特质，则可以尽量忽略，或降低对自己的预期。

选择性地对比，选择性地嫉妒，这样就可以撇开那些无关的嫉妒，心无旁骛地朝着自己的梦想行进。

（三）用长远的眼光看现在

试着回想一下自己的过去，小时候会为了一块糖、一件玩具争得头破血流，会因为别人的一句话而哭鼻子，现在你还会那样吗？我们以前在乎得不得了的事情，经过了

时间的洗涤，已经没有了孩子气。

嫉妒的时候，可以问自己这样一句话："一年之后，我还会在乎这件事吗？"这是美国著名心理咨询专家理查德·卡尔森的"时间歪曲游戏"。这也许无法解决你现在的问题，但是可以让你把眼光放得更长远一些，就不会那么在乎眼前的一得一失，才可以腾出时间做更有意义的事情。

心理小百科

从长远的角度看成败

还记得以前经历的挫败吗？也许在当时，那些事情对你那颗"弱小心灵"造成了巨大的冲击。如今迈入另一个阶段了，抽身而出，再回看那一段历程，又是什么感受？

成功和失败各自本身就是一把双刃剑：成功了，喜悦、自信、满足，随之而来的还有飘飘然的轻敌与盲目；失败了，失意、难过、忧郁，却也有醍醐灌顶、催人警醒的功效。

人们常常会犯的错误，就是此时此刻，往往只看到了成败带来的单一感受——成功面前，骄傲了；失败面前，气馁了。

从过往中抽身而出，你会发现，它们都没有你想象中的那么重。

生活是一个漫长的积累，是诸多量变基础之上的质变和飞跃。我们如今的形态是多少次小成功与小失败共同熔铸而成的。静心去看，成和败，都是有增益的，同时，拿捏得不恰当，也都可能带来损害或延误。

不必太在乎眼前的成功或失败，因为在一个悠长的背景中，它只是小小的一环，无法对你的人生产生变革性的影响。过分沉溺于成败所带来的强烈冲击中，只会拖延你前进的行程。

因此，从一个长远的视角看成败，淡化成功，也淡化失败对你当前的影响。成功了，淡然一笑，大步向前；失败了，掸掸身上的尘土，笑着走脚下的路。

胜不骄，败不馁。也许这句话的真实含义是，以广袤的人生为背景，那些小成与小败都是不足以骄、不足以馁的事情。

面朝大海，春暖花开。从明天起，做一个不骄傲、不气馁的人。

名言堂

嫉妒总是来自于自己与别人的比较，如果没有比较就没有嫉妒。

——培根

第四节　行动起来

心情故事

嫉妒的王小佳

王小佳这几天的心情糟透了！

数学考试不顺心，最后一道大题粗心做错了，导致自己的成绩竟然比不上前排那个笨笨的阿呆，王小佳快气死了！

元旦晚会的舞蹈排练上，王小佳一直在暗暗和李小美较劲，两人都争着想当领舞的，不料舞蹈老师宣布由李小美领舞，王小佳快嫉妒死了！

隔壁住的刘小萌，她妈妈给她报了一个音乐兴趣班，最近经常看到她高高兴兴地哼着悠扬的小曲儿回家。王小佳央求妈妈也给她报一个音乐班，妈妈头一扭，不理她。王小佳快羡慕死刘小萌了！

周末了，王小佳的心情依然糟糕透顶。

不一会儿，同学打来电话："小佳，我们去打羽毛球吧！""不去！"王小佳没好气地说。

不一会儿，同学在楼下喊她："小佳，天气这么好，去放风筝吧！""不去不去！"

……

一天过去了。到了晚上，王小佳什么也没有做，脸上依然气鼓鼓的。她浑然不知，自己将这一天美好的时光，全部抛给了嫉妒。

心理小百科

如果你有一台计算机，你装了一个系统之后就整天把它搁置在那里，你觉得这台计算机被实际使用了吗？没有。因为中央处理器（CPU）整天运行的就是空闲进程。运行空闲进程是一天，运行大量数据计算的程序也是一天，对于中央处理器（CPU）来说，同样的一天，价值却是完全不一样的。

对人来说也是一样，无所事事是过了一天，做点事情（哪怕是休闲和锻炼）也是一天，同样的一天，价值却绝对不同！

对于占据时间、耗费精力的嫉妒情绪，与其听之任之，让它波涛汹涌地席卷我们的宝贵时间，不如在感到嫉妒的时候，行动起来，做点事情，看看身边的世界，既转移了注意力，又度过了有价值的一天！

（一）休闲娱乐，转移注意力，纾解情绪

嫉妒的时候，休息一下，哪怕是看一部搞笑的电影，打一场痛快的比赛，看一本励志的好书，或约上三五好友侃侃大山、聊聊八卦。给自己找一种积极的放松方式，既转移了注意力，遏制了嫉妒毒素的滋生、蔓延，又能通过这些时间充实自我，遏制了嫉妒对时间的吞噬。

嫉妒带来的不良情绪，会给人们的生理健康带来很大的危害。因此，不良情绪如果已经产生，可以通过适当的途径排遣和发泄，千万不要闷在心里。

1. 听听音乐

音乐能直接影响人的情绪和行为，节奏鲜明的音乐能振奋人的精神，使人激动、兴奋；而旋律优美的乐曲，则能使人情绪安静、轻松愉快。遇到忧愁、惊恐、烦恼时可听听轻音乐，可使你的忧愁、惊恐、烦恼烟消云散。

2. 异地发泄

当你生气愤恨时，不妨赶快跑到其他地方，干一些体力活，或者干脆到操场跑一

圈，来一场酣畅的球赛，这样就能把因盛怒激发出来的能量释放出来，气恼的心情随之平静下来，怒气也会消失掉大半。

3. 转移注意

在不良情绪袭来之时，尽量做一些转换心情的事情，可以外出游玩，可以“学而忘忧”。通过做一些自己喜欢或令自己放松的活动，转移我们的注意力，“釜底抽薪”，回避产生嫉妒和不良情绪的事件与情境，从而纾解不良情绪。

4. 理智消解

看问题的角度不同，态度不同，产生的情绪也不同。很多不良情绪产生于对事物的错误认识。对于这类不良情绪，只要冷静地、理智地分析一下自己对事物的认识是否正确，是否确实可妒、可恨、可怒，分析明白了或换个角度认识，不良情绪也就不解自消了。

5. 语言暗示法

遇到精神刺激，要尽量控制自己的情绪。当怒火上升、欲发雷霆时，可用语言暗示自己：“生气是自我惩罚，烦恼是和自己过不去，发怒是无能的表现。”以此来调整和放松心理上的紧张状态，使不良情绪得到缓解。

6. 升华法

升华是对消极情绪的一种高水平的宣泄，将不良情绪和能量引导到对人、对己、对社会都有利的方向去。把消极的情绪能量转化为积极的情绪能量，完善自己，也为社会、他人做出贡献。

（二）尝试和体验

有些时候，我们之所以嫉妒，是因为我们未曾得到，未曾体验。譬如，人人都羡慕超人英明神武、力大无穷，还可以披着斗篷在天上飞来飞去，但如果让你和超人来一个月的“角色互换”，让你东奔西跑、赴汤蹈火、拯救人类、维护世界和平，只怕不到一周，你就迫不及待地想做回普通老百姓，等着被超人拯救了。所以，解救这种嫉妒心的方法就是，通过正当途径，努力尝试去获得你想要的东西。尝试之后，可能你会对这份尝试感到满意，和别人站在了同样的高度上，因此不再嫉妒；或者尝试之后，你会发现，原来吸引自己的东西陡然失去了魅力，从此也不再嫉妒。

故事小贴士

汤姆的故事

汤姆是一个在他父母的旅行社做兼职的男孩子，他很嫉妒在冰淇淋店里工作的同学，因为他总是幻想能够在下午品尝迷你汤匙里各种各样的冰淇淋样品。

汤姆是应该继续羡慕同学的生活，还是迈出自己朝向理想的一步呢？他需要做什么呢？

第一步，他要先请示父母是否能够离开现在的兼职岗位去一家冰淇淋店工作；第二步，他需要去冰淇淋店中毛遂自荐，争取得到在那里工作的机会；第三步，他需要在短期内熟悉冰淇淋店中的工作流程。

很幸运，汤姆和父母的沟通很完美，应聘也很顺利，很快他就得到了在冰淇淋店工作的机会。

这真是好极了！(至少现在是这样的)

很快，他对于每一种香料、甜品酱、制作方法都烂熟于心。他熟知冰淇淋的一切后，他觉得自己就是冰淇淋界的泰斗。

但是，冰淇淋店也已经失去了它的魅力。在冰淇淋店的经历使得汤姆不再去嫉妒同学，汤姆也对这个行业感到有些厌倦。他迫不及待地想要开始新的尝试！

(三)形成良好习惯,从小事做起

行为在很大程度上受习惯控制,形成良好习惯,从小事做起。

美国心理学之父,实用主义的创始人和代表人物之一,美国本土第一位哲学家,威廉·詹姆斯对“形成新的好习惯,摆脱旧的坏习惯”提出了5条建议:①选择环境,把自己置于那种能鼓励自己进步、向上的环境条件中,避开使自己堕落、退步的环境条件。②如果你打算确立一种好的习惯,你就不要允许自己做出任何违背意愿的行为,哪怕这种行为是微不足道的。③不要指望慢慢地形成一种好习惯和摆脱一种坏习惯,做任何事都要完全彻底、干净利落、不拖泥带水。④不能沉溺于形成好习惯、摆脱坏习惯的空想之中,重要的是要开始做。没有什么比在空想和感伤中浪费生命更让人痛心了。⑤强迫你自己形成好习惯,即使在开始时令人痛苦和不舒服。这就是劝告我们一定要积极主动地去养成新的习惯,如果有可能,我们应该将活动列入计划表,并且尽量减少旧习惯出现的机会,增加新习惯出现的机会。

好习惯和坏习惯,都是从琐碎中开始的。但这些在琐碎中形成的习惯,却对你的人生起着重要的作用。要想成为一个优秀的人,必须从小事做起,养成良好的习惯。

所以,嫉妒的空当,与其气鼓鼓地发呆一天,不如利用这段时间做点事情,培养和巩固一些良好的习惯。这样,既缓解了嫉妒,又能帮助你成长为一个优秀的孩子,那个时候,不是你嫉妒别人,而是别人嫉妒你了!

名言堂

每一个人做事情都应该看到这件事情的全部。没有观察到,没有做到,他就不能了解整件事情。

——爱默生

第五节　结语：嫉妒，再见

你曾嫉妒过别人吗？

是不是因此觉得很羞愧？

别担心，其实嫉妒也不完全是个坏东西，只要能够正确对待，嫉妒心就能化为无穷的动力，激发你的潜能，督促你前进！

所以，当你感到嫉妒的时候，不要惊慌，嫉妒是人人都会有的一种心理，重要的是抵制嫉妒的危害，用自己的努力化“危机”为“转机”——

◆理性认识嫉妒心理

◆用快乐之心，化解嫉妒

◆大度处事，不钻“牛角尖”

◆承认嫉妒的感觉

◆找到自己的“闪光点”

◆化嫉妒心为行动力

◆寻找人生的梦想和目标

◆行动起来，做更好的自己

当你做到这些的时候，嫉妒也就失去了可憎可恨的面目，反而像是变成了一个鞭策你前进的伙伴。这个时候，让我们大声地对它说一句：

“嫉妒，再见！”

心灵感悟

我们接受别人的赞美很容易，但接受别人的批评却很难。因为这让我们觉得受到了伤害，自己的自尊心受到了打击。但是，要真正地正视自己，除了了解自己的闪光点，更要了解自己的短处和缺陷，做到有自知之明。唯有自知，方能知人。有自知之明的人，不会盲目攀比嫉妒，会更好地发挥自己的优势，悦纳自己，相信自己，依靠自己，抑制嫉妒，锻造自我。著名文学家爱默生提到过一则在他求学期间给他启迪颇多的“秃鹰和夜莺”的故事。夜莺因美妙的歌喉受到国王宠爱，秃鹰效而仿之，结果它被扒光了羽毛，原因是秃鹰的叫声令人感到恐怖。

认识自己后，还要能够不断激励自己，不断前进，做更好的自己。

养成良好的习惯，做更好的自己

请大家多读书。比尔·盖茨或巴菲特等成功人士都有一个共同的习惯，那就是勤读书、多读书。比尔·盖茨曾说：“最早吸引我的地方是我家附近的公共图书馆，我从小遍览丛书。现在再忙，我还每天保持着一个小时的读书时间，周末保持着三到四个小时的读书时间。”读书能增长知识，积累智慧，所以希望大家养成阅读的好习惯。

请大家养成做笔记的习惯。好的想法不是坐在书桌前产生的，吃饭的时候、走路的时候，哪怕是上卫生间的时候往往会产生好的想法。但这时如果不做笔记，这些偶然的想法马上就会忘记了。笔记不一定要写在纸上，希丁克教练就随身带着录音机，想起什么问题就随时记录下来；作曲家舒伯特曾经有一次，脑海中想起了美好的旋律，一时找不到纸，就将曲子记在了衣服上。

请大家不要放弃，继续挑战。伟人们在遇到困难时，都会努力克服，而不是轻易放弃。韩国现代集团创始人郑周永经常将一句话挂在嘴边：“你尝试过吗？”郑会长正是喜欢挑战，从不放弃，才建造了一个现代王国。你在生活、学习的过程中也会遇到很多困难，希望你也不要轻易地放弃，要积极应对，努力挑战。在挑战中就能挖掘你的潜力，同时也会锻炼出不怕困难的意志。

希望大家有规律地生活。德国哲学家康德就是一位像钟表一样遵守规律的人，在规定的时间吃饭、读书、工作和散步。据说他所居住的村庄里的人看到康德走过，就知道是几点了。有规律地生活，这说明非常遵守与自己的约定。同时，有规律地生活也可以使我们的身心变得健康，还能养成忍耐力。

（出自：朴恩庭《勇敢地挑战吧——起嫉妒心时悄悄读的故事》）